中国社会科学院哲学社会科学创新工程成果

国家社科基金重大项目“境外智库中国研究数据库与专题研究”阶段性成果
（项目编号：14ZDB163）

中社智库

国际中国学研究丛书

观中国

域外中国研究动态

（2016—2018）

唐　磊　主编

2016
2018

中国社会科学出版社

图书在版编目（CIP）数据

观中国：域外中国研究动态：2016－2018／唐磊主编．—北京：中国社会科学出版社，2019.2

（国际中国学研究丛书）

ISBN 978－7－5203－4340－4

Ⅰ.①观… Ⅱ.①唐… Ⅲ.①中国学—文集 Ⅳ.①K207.8－53

中国版本图书馆 CIP 数据核字(2019)第 075096 号

出 版 人　赵剑英
责任编辑　喻　苗
责任校对　李　剑
责任印制　王　超

出　　版　中国社会科学出版社
社　　址　北京鼓楼西大街甲 158 号
邮　　编　100720
网　　址　http://www.csspw.cn
发 行 部　010－84083685
门 市 部　010－84029450
经　　销　新华书店及其他书店

印　　刷　北京明恒达印务有限公司
装　　订　廊坊市广阳区广增装订厂
版　　次　2019 年 2 月第 1 版
印　　次　2019 年 2 月第 1 次印刷

开　　本　710×1000　1/16
印　　张　16.5
插　　页　2
字　　数　254 千字
定　　价　78.00 元

凡购买中国社会科学出版社图书，如有质量问题请与本社营销中心联系调换
电话：010－84083683

目　　录

一　中国崛起与世界秩序的变革

二　中国国家形象与国家软实力

三 中国对外政策及各国对华关系

四 政府改革与国家制度建设

五 社会问题与社会治理

六 环境保护与城乡发展

七 经济成长面临的挑战及其应对

八 “一带一路”倡议实践与演进

一

中国崛起与世界秩序的变革

重新思考中国的世界秩序观

金德芳　赵穗生　柯岚安等

中国崛起必然会引发世界地缘政治格局的深刻变化，中国自身以怎样的姿态和理念参与到新的世界秩序建构中，是国际学术界一直关心的问题。近年来，诸如“大同世界”与“天下”等代表传统中国世界秩序观念的术语被海内外学者频繁引用，中国大陆学者赵汀阳等人提出的“天下体系”“天下主义”也成为海外中国学界高度关注的话题。2015 年第 24 卷第 96 期《当代中国》(*Journal of Contemporary China*) 杂志刊登了三篇文章，集中对此话题进行了探讨。它们分别是金德芳 (June Teufel Dreyer) 的《“天下”之辞：中国会改变国际体系吗?》(The “Tianxia Trope”: Will China Change the International System?)、赵穗生的《重新思考中国的世界秩序：帝国圈与中国崛起》(Rethinking the Chinese World Order: The Imperial Cycle and the Rise of China) 以及柯岚安 (William A. Callahan) 的《历史、传统与中国梦：大同世界中的社会主义现代化》(History, Tradition and the China Dream: Socialist Modernization in the World of Great Harmony)。

金德芳的文章回顾了以赵汀阳为首的一些学者对国际体系的讨论。在金德芳看来，赵汀阳等人认为今日的世界秩序建立在民族国家的基础上，其必然结果便是存在外来者与“异教徒”的观念，其实质不过是一个个国家交替成为帝国，通过掌控知识生产来主导世界。而中国在近代西方列强入侵之前并非没有今日的“世界”观念，而是没有外来者或“异教徒”存在的天下观念。在天下体系中，存在一个世界性政府与周边民族文化各异的附属国，它们共享一套制度、法律、秩序与资源，且人们在各国之间来去自由。当世界政府违反正义法则或滥用职权时则会丧失统治的合法性。

赵穗生则回顾了古代中国与周边组织结构方面的论述。一些中国学者认为虽然中国根据文化区分了华、夷，但这并不代表内或外，而只是代表中心与周边的关系。中国处在中心地位，而其他国家则为周边。中心与周边依靠朝贡或藩属体系维系亲密的关系——中心保护周边，周边屏藩中心，形成中国与四邻互相依赖、共存共荣的格局。天下体系便是周边环拱中心的模式。在该套世界秩序中，中国依靠王道、仁政与德治而非强力治理天下，并保持着天下归一且和而不同的局面。古代中国因此被描述成一个和平的国家，由中国和周边国家所组成的亚洲也被描述成和谐社会，即便是亚洲的内部战争也被视作基于正义与礼法而非利益。

在金德芳与赵穗生所描述的一些学者构想的天下体系中，一个强有力的超级大国或实体的存在是体系得以运转、社会得以和而不同的关键性要素。但是，“强有力”不仅意味着物质性力量或是集中一切的“苏联模式”，还意味着以仁为基础的价值观念与文化氛围。另一个问题则是，在这些中国学者的心目中，今日的世界里谁能够充当作为中心的超级大国或实体？金德芳和赵穗生在文章中叙述了中国学者的选择：西方国家作为现代民族国家体系的创始者，自然从一开始就被排除在候选人之外；而联合国充其量不过是协调这一体系的中间人，并非拥有切实实权之主体，也并没有能力建立起天下体系。于是，在近代被迫放弃原先制度与价值观念、被迫承认主权平等原则而进入由民族国家构成的世界体系中的中国成为选择之一。在这套关于天下体系的话语中，关键不但在于中国能否超越美国成为世界第一，而且在于其能否占据今日美国都尚未完全实现的绝对中心的地位。

柯岚安发现中国大陆的“新左派”学者普遍重视《增强党的团结，继承党的传统》，它实际上是毛泽东 1956 年在中国共产党第八次全国代表大会预备会议第一次会议上的讲话记录。其中，毛泽东提及了两个关键点：一是中国要对全世界人民与人类做出贡献；二是要在几十年内赶英超美。这两个目标自然与今日的天下体系构想息息相关——中国有能力且有责任成为这一中心。当然，成为世界中心尚未足够，宣扬和平与和谐则是另外一步。中国式的和平与和谐不仅是共产主义式的，还带有儒家文化的印记。比如柯岚安并不认为毛泽东与儒家文化之间格格不入，因为无论是官方还是毛泽东都曾通过《礼记》中的大同观念——和而不同——来描述社会主义或共产主义社会。

那么，古代中国真的存在天下体系吗？学者们对于天下体系的构想真的能够实现吗？执政党与政府真的会接受这套学说并借以挑战今日以民族国家为基础的世界秩序吗？无论是金德芳、赵穗生还是柯岚安都认为这套学说其实是乌托邦式的构想。赵穗生从历史角度剖析了天下体系的假想性质，即在真实的历史上，古代中国所领导的亚洲秩序不像今日许多学者所描述的那般温情脉脉、仁义皆全。虽然古代中国在东亚地区实行朝贡或藩属制度，但这套中心—周边式的朝贡或藩属体系其实只是表面现象。赵穗生援引濮德培（Peter Perdue）的观点指出，表面上维系中心—周边结构的朝贡或藩属体系有些时候只是礼仪性的。许多亚洲国家并没有如一些中国学者所想成为中心—周边关系的一部分。此外，诸如濮德培和文安立（Odd Arne Westad）等学者还认为历史上中国的一些朝代与奥斯曼帝国、俄国等帝国有着类似的扩张倾向。但是这些观点历来遭到中国学者的拒斥。

金德芳认为，虽然中国政府经常强调和平崛起以及传统文化中关于和谐社会的思想资源，并试图建立一个新的国际秩序，但不会接受天下体系的构想，因为政府加入联合国以及强调民族国家之主权的行为与天下体系其实相悖，后者反对的是以民族国家为基础的国际体系。正如金德芳和赵穗生共同指出的那样，中国政府并未宣示此种野心，其对传统文化中和谐社会思想资源的倡导也许只是为了在参与世界竞争时减少来自他国的阻力。

柯岚安也认为，学者构建的天下体系或和谐观念看似美好，却空有目标而疏于细节。此外，柯岚安在最后还指出，重要的并不是指出这种构想的乌托邦性质，而是需要看到中国的政府与民众对于此种构想的讨论，其实际意味大多是对自由主义和西方霸权的抵制。

唐磊、韩侃瑶/编写

2016 年 2 月

中国是世界秩序的利益攸关国

赵穗生

2016年6月韩国峨山政策研究院在线刊物《峨山论坛》刊登了美国丹佛大学约瑟夫·科贝尔国际关系学院赵穗生教授的文章，题目为《中国与发展中的世界秩序：利益攸关国抑或一支变革性力量》(China and the Evolving World Order: A Stakeholder or a Revolutionary Power)。文章认为，虽然中国并非简单的规则遵循者，但也不是一支希望破坏现有秩序的变革性力量。中国不仅尚未取得超越美国的地位，也没有明确地提出有特色的价值观念来支撑新的世界秩序。中国政府目前基本还是坚持威斯特伐利亚国家主权原则，同时适应于新兴的跨国性规范。中国是一个持改良主义的大国，它并非不满于现有的秩序，而是不满足于其在这个秩序中的地位。如果通过与美国和其他国家协商的方式来满足中国的要求，对规则进行调整，增加其在现有机制中的发言权和重要性，中国将更有可能成为新型国际秩序的积极建设者和维护者。该文摘要如下。

中国对第二次世界大战后世界秩序态度的演变

美国在第二次世界大战后崛起为霸权国家，在战后秩序的构建中发挥了主导作用，如多边经济体制、集体安全体系以及政治自决。然而“冷战”的开始扭曲了这一秩序的自由主义初衷，中国作为一个曾经的革命国度成为美国遏制政策的目标。

与苏联不同，出于对民族屈辱的历史记忆，中国通过提出和平共处五项原则，表现对威斯特伐利亚原则的接受。这一原则将国家主权置于最高地位，有助于处于相对弱势的国家平等地参与国际事务，免于外国干涉内部事务，并与其他国家和平共处。

自1971年加入联合国之后，中国努力地适应跨国性规范。特别是在20世纪70年代末改革开放之后，中国以前所未有的程度与全球经济相互依存，于是开始逐渐向国际规范靠拢。全球化对于国家主权的影响在国与国之间是不同的，由国家实力和发展水平所决定，在中国相对脆弱时，全球化可以表现为对国家主权的重大威胁，然而作为一个崛起中的国家，中国现在可以“基于自身条件参与国际机构，在不丧失自主权的情况下从全球化中获取益处”。

改革或修正的力量

对有些观察家来说，中国对现有世界秩序的“挑战”使其成为一支革命性力量，但实际上中国的初衷并非取代现有的秩序，它要求的只是对全球治理进行改革，并希望作为规则制定者而拥有更大的影响力。

首先，中国在短期内还不能取代美国的地位。美国仍然是世界最强大的国家，不仅利用其军事和经济力量，还包括软实力来打造世界秩序。中国有可能在某个时刻从经济规模上取代美国，但是可能难以取代其在世界上的影响和领导作用。

其次，即使在亚太地区，取得区域主导地位也不是中国的目标，因为有美国、日本和其他地区大国的存在和影响。尽管中国正在崛起，但许多周边国家也在发展。中国更为自信的行为方式，使得其邻国紧张不安，它们或是与美国结盟，或是相互结盟，力图平衡中国。经济决定政治的旧规则在东亚失去了效力，因为几乎所有这些国家都在经济上与中国联系紧密，但是在安全和政治上却与美国结盟，欢迎甚至力邀美国平衡中国力量的增长。

中国的制度举措不会在其崛起中发挥关键作用，而只能是崛起的结果。从历史角度来讲，追随新兴大国是惯常做法，因为有着潜在的巨大相对收益。最成功的新兴大国恰恰是那些能够吸引最大多数追随者的国家。因此，同时与诸多邻国处于紧张状态不符合中国的利益。不能赢得其邻国的支持或至少消除它们平衡的动机，中国就不能成功地崛起。中国的长期利益依赖其与邻国以及与美国的关系。

再次，中国一直受益于并且还将继续受益于第二次世界大战后支撑世界和地区稳定和经济增长的世界秩序。通过最大限度地利用全球化的优势，中国成为最大的受益者。虽然中国对于美国在地区内的军事和战略行动感到不适，但是其仍然得益于美国在亚太地区的安全角色。中国领导人需要权衡并作出明断，“西方衰落的必然结果并不是亚洲的崛起”。

中国常常表达出对美日同盟的忧虑，但这一同盟是支撑东亚稳定、防止日本重新军事化的地区安全架构的组成部分。“试想如果日本在战略上独立于美国，将为中国构成一个怎样的区域安全景象呢?”没有美国的核保护伞，日本恐怕早就开发自己的核武器了，这甚至会激励东亚其他国家和地区开发核武器。从这一角度而言，中国决策者和分析家不要相信所谓美国衰落的强硬说辞，即使这是真的，一个虚弱的美国对于中国而言也并不是好消息。

最后，中国面临巨大的内部问题，而且由于这些问题有可能导致中国的崛起脱轨，因此中国还是一个脆弱的新兴大国。没有经济能够永远保持相同速度的增长，中国经济表现出众的时代已经结束。放缓的经济对于中国领导人施加了巨大的压力。“中华不自乱，无人可乱华。”中国崛起最终决定于其自身内部的发展，而不是其他国家的所作所为。为确保其未来的发展，中国必须将其内部事务放在第一位。

仍然是一个利益相关者

虽然中国不断增长的力量和诸如“一带一路”等倡议使得它作为一个修正的和改革的力量具有更大的影响力，但不管是从实力还是从价值观念的角度，中国还不能挑战现存的秩序。

中国的地区经济创举尤其如此。虽然“一带一路”更多是由中国的战略抱负而不是商业逻辑所驱动，但其是否能打造出一个非西方的网络，且中国能在其中发挥主导作用，尚不能确定。不同文化的联结，以及中国的历史角色和现代角色的联结，在当今的复杂环境中能否被接受尚不得而知。

至于“亚投行”，这个拥有57个创建成员的多样化的组织，并没有成为中国外交政策的鲜明代理人。虽然欧洲多国的参加的确证明了中国经济的吸引力，但是也牺牲了中国对该机构的控制。为更加符合现有机制的原则，中国保证“亚投行”将是“机构精简、廉洁和绿色”，并强调透明、问责、开放和独立。

“亚投行”的情况表明亚洲和欧洲国家不希望在中美之间选边，而是愿意通过与中国和美国各自的创新活动合作并从中获益。美中竞相创建更好的多边机构对于世界来说是件好事。“由此一来，美中之间在亚洲的权力之争就将主要围绕着制度建设和标准制定而展开，而不是通过直接的军备竞赛或是贸易摩擦谈判，这将成为主导区域秩序创建过程的新途径。”“竞相实现高等级的公司治理（corporate governance），而不是低水平的治理，这样无论美国赢还是中国赢都没有关系。不管怎样，我们都将看到全球治理管理标准的改进。”

结　论

中国的崛起引起了美国和世界其他国家的关注，它们担心中国在地区和更大范围内伸张自我并成为削弱现有世界秩序的革命力量。但是中国远未取得美国在第二次世界大战后所获得的那种优势地位，仍然遵守着业已确立的世界秩序的规则，通过改革来修改而不是重写规范与原则。中国和美国之间的差异主要不在于世界秩序的原则，而在于中国是否已经获得与其崛起中大国地位相称的声望和权威地位。如果给予中国更大的作为规则制定者的空间，与其他大国一道来改革现有秩序，更好地反映其现有力量和兴趣，中国可能仍将如此。

毕竟，“国际上相对权力的分配是随着新兴市场的发展而转移的，其中最为显著的是中国。第二次世界大战后当美国占全球国内生产总值35%左右时形成的秩序在美国占比不足20%时便难以维持。这一发展并不意味着美国的绝对财富减少或是绝对力量下降，而是意味着美国压倒性主导的体系和行为模式需要调整以考虑到其他国家的崛起。”“顺应”这些国家对在国际体系中拥有发言权的正当愿望，对于稳定的国际秩序是至关重要的。

刘霓/编译

2016 年 5 月

中国市场经济地位及欧洲的利益

顾德明

2016年6月，欧洲对外关系委员会（ECFR）的官方网站上刊登了亚洲与中国项目负责人顾德明（François Godement）题为《中国市场经济地位与欧洲的利益》（China's Market Economy Status and the European Interest）的政策简报。顾德明提出，市场经济地位问题对中国而言，其重要性只体现在象征意义上，真正成问题的是欧盟如何处理其同中国之间的不对称：一边是世界最大市场的欧洲；另一边是世界最大工业制造国的中国。对中国而言，利害攸关的是欧洲所采取的反对中国廉价出口商品“倾销”的特别法。但该项法律到2016年12月11日即告失效，欧洲因此陷入两难，一边是中国廉价商品涌入导致的失业；另一边是中国在欧投资的逐渐增多。这既是恩惠也是诅咒：它为欧洲提供了大量需要的资金，但欧洲认为中国同时也获得了操控欧洲公司与社会的筹码。对欧盟而言，找到一个适应中国的贸易机制至关重要。

何为市场经济地位

在中国的入世议定书中，找不到“市场经济地位”的相关提法，但确实存在针对中国倾销设定的明确标准。议定书将过渡期设定为15年，一旦过渡期结束，其他国家将不能再对中国使用“替代国方法”征收反倾销税。不过议定书也十分模糊，它并没有明确禁止世贸成员方采取其他反倾销标准，也没有明确规定成员方必须承认中国的市场经济地位。

许多成员方并未承诺在过渡期结束后承认中国的市场经济地位。与此相对的是，欧盟的反倾销规则是由立法来规范的。自1998年起，欧盟对反倾销法规进行了多次修正，并针对俄罗斯、中国等其他“非市场经济国家”设定了一套特殊的反倾销法规。更改法规或是变更名单上的国家需要欧洲理事会与欧盟议会的重新立法。顾德明认为，是否给予中国市场经济地位只是一个能产生广泛媒体影响的政治决定。但鉴于中国对于市场经济地位的坚持，欧盟很有可能会派出游说团甚至大打外交战，但其真正的关切却是反倾销方法。即使承认中国的市场经济地位，也不意味着在倾销问题上其他国家可以同等对待中国。

中国面临三大选择：要么仍保持非市场经济地位；要么获得市场经济地位但仍将遵守特殊的反倾销措施；要么全盘获得市场经济地位。如果最后一种情况出现，欧洲及世界上其他地区将全面出现贸易防御措施加强的局面：除了反倾销法规外，还将出现防止其他不公平贸易实践的举措，如针对政府补贴出口商的法规。

欧洲各国对给予中国市场经济地位及反倾销的态度

据2015年9月欧盟制造业联合会（Aegis Europe）的评估报告，欧盟的52种反倾销举措仅覆盖了中国对欧出口货物的0.68%，但对华反倾销案已经占到了欧洲反倾销案的一半，约占货物价值总量的80%。此外，据欧盟委员会的统计，仅有2.5%的中国出口到欧洲的商品受到了反倾销法的制裁。

作者认为，当下中国仍然代表着制造业时代，其经济实力几乎完全建立在工业与生产物质产品上。其金融影响力始自于巨大的外部贸易不平衡与低收入。中国在国际市场上的优势的关键就是其廉价的制造成本。一旦劳动生产率、能源效率以及技术创新成为决定性因素，或者政府不再保证工业用地可以廉价获得，那么中国的领先地位将前景难明。中国经济的一大部分仍将致力于工业生产，进而出口商品，因此仍存在倾销问题。

作者指出，欧洲有观点认为，中国的低成本出口对全球经济的重要性日益降低，因此，严格的反倾销举措并不是必要的。中国代表的是制造业时代，而未来属于服务业与虚拟经济，更灵巧的贸易壁垒——尤其是对规则与标准的创造性运用——比海关对物质产品征收的老式费用更重要。

同时，作者也指出，还有很大一部分欧洲人同意承认中国的市场经济地位，他们认为中国投资才是需要关注的问题。中国正在成为欧洲大陆最重要的投资者，其投资额仅 2015 年就高达 205 亿欧元，超过了欧盟在华的投资额。中国的金融投资，以及私人或公司的房地产投资很有可能被远远低估。许多欧洲国家几年前受欧元债务危机所累，现在不得不从投资基金中竞争获取低息现金，而这些都取决于包括中国在内的投资大户的良好意愿。

英国和荷兰都是对中国投资最明显的支持者。同时，南欧多国也是中国投资的热烈支持者，比如意大利。尽管意大利政府在给予中国市场经济地位的问题上一直秉持坚定的反对态度，但意大利仍位居 2015 年中国在欧投资的首位，法国紧随其后。与之形成对比的是东欧国家，保加利亚和匈牙利避免在欧洲机构中公开表明立场，波兰则反对给予中国市场经济地位。

德国是起决定性作用的关键因素，它在原则上倾向于承认中国的市场经济地位，但在实际中摇摆不定。德国各大公司之间存在分歧，德国政府受到两方游说，举棋不定。顾德明指出，一些人建议“区别对待”中国的市场经济地位，即那些可以证明遵从市场经济规则的中国行业可以获得标准对待，其他不符合要求的行业则要区别对待。

最近以来欧洲态度的转变和可能的选择

欧盟最近启动了两大高层程序来决定中国的市场经济地位问题：一是 2016 年 4 月由欧盟委员会完成的民意咨询；二是欧洲议会下的国际贸易委员会进行的一系列听证会。

两大关键成员国的态度也发生了转变。在2016年5月3日的委员会贸易部长非正式会晤上，法国与德国提交了一份非正式文件，联合提出建议，要求改革贸易防御措施。文件提议继续采取特别措施来辨别中国的倾销，将举证责任强加于中国制造商，并呼吁加快政治程序，在这一问题上给予欧盟委员会更大的自由裁量权，这包括增加委员会的权力，加大对倾销的处罚力度，而不再秉承过去的“低税原则”。

紧随这项联合提议，欧洲议会于5月12日通过决议，不支持给予中国市场经济地位。这项决议在法律问题上采取了坚定立场，不过仍然给欧盟委员会留下了解读的余地——尽管决议声明中国不是市场经济国家，但并没有强加给欧盟委员会是否承认中国市场经济地位的正式义务，同时，这项决议还号召欧盟成员国加强自己的贸易防御措施。

作者认为，欧洲议会的这项决议所能达成的目标有限，不过这次投票为欧盟委员会的最终意见划定了范围。

欧盟委员会的评估报告中提出了三个行动选项：一是维持现阶段政策不变，这很有可能导致与中国的冲突；二是改变反倾销标准，但保护欧洲生产商的具体防治措施并没有到位；三是在改变反倾销标准的同时采取防治措施。

顾德明认为，欧盟最终将会在反倾销问题上与中国发生冲突，除非中国的谈判立场发生改变。长期来看，欧洲很有可能会选择第三项，有两种方式来实现在改变反倾销标准的同时采取防治措施保护欧洲的生产商。一是采取专门针对中国的特殊举措；二是如欧洲议会与德法联合提议的那样，全面加强整个欧盟的贸易防御举措。这两种方式并不相互排斥。

杨莉/编译

（责任编辑：高媛）

2016年6月

全球顶尖学者眼中的中国未来

包道格等

为了应对未来的挑战，《国际经济杂志》（The International Economy）2016 年夏季号组织了全球 50 位重量级学者对未来十年可能震动世界的发展变化进行了预测，其中不少学者谈到了中国作为独立变量的潜在影响，具体摘编如下。

彼得森国际经济研究所高级研究员加利·克莱德·霍夫鲍尔（Gary Clyde Hufbauer）认为，为了应对经济挑战，主要国家的总统和总理的权力会比今天更大。如果北美、欧洲和日本保持经济停滞，那么十年后，“历史的终结处”将不是自由民主。

美国企业研究所常驻研究员史剑道（Derek Scissors）认为，中国经济正在走向停滞，这一过程数年前就已开始，并将维持下去。如果没有重大的实际的改革，中国净财富的增长将在下一个十年结束。他还提出，中国中产阶层的消费能力并不能解救世界，相反，中国的消费增长会越来越受到抑制。中国政府的债务规模需要得到控制。某些部门，特别是医疗行业，随着中国的老龄化会保持繁荣。史剑道还指出，印度将是下一个全球经济增长的引擎，但是不能指望其体量和致富程度能够支撑起全球经济发展。中国经济的衰退将在若干年内持续影响世界经济。此外，他认为，经济停滞并不意味着执政党会垮台，只是为内部的一些动荡制造了条件。

在卡内基国际和平基金会副总裁包道格（Douglas Paal）看来，美国在全球和区域领导地位的衰落是不可避免的趋势。很多时候，是美国自己的政策失误导致了世界一些重要地区的政治和体制稳定受到破坏。在亚洲，这意味着中国将在其与周边国家相关的事务中扮演比美国更重要的角色，尽管中国还没有形成这样的习惯思维，而且周边国家也没有准备好接受这一点。

包道格认为，地区冲突、大规模移民、社会经济不稳定是亚洲很难避免的问题，恐怖主义倒不是。这些问题都与该地区不同国家间较为显著的文化差异以及该地区传统上对一体化体制的抵制有关。长期以来，部分亚洲国家欢迎美国在该地区事务中巧妙地发挥平衡作用，但如果美国的政治家不能自我反省、振兴经济、向国防预算倾斜并对新时代的到来做出有效的战略调整，上述问题就注定会发生。目前，美国人还有团结起来进行改变的余地。

世界银行发展趋势研究主管曼苏尔·戴拉米（Mansoor Dailami）认为，现在美国是在一个多极化的经济空间继续其国际政治的单极化诉求。未来，美国在亚洲面对的最大的战略挑战来自中国。人民币国际化将加强中国在国际货币体系中的地位，“亚投行”和“一带一路”倡议会扩大中国经济的势力范围，全球资源、市场以及科技的竞争将会更加激烈。随之而来的是，美国的外交政策将变得更加务实。

此外，在受访的学者中，老龄化是比较受经济学者关注的问题，研究国际关系的学者则有不少都对下一个十年世界走向更加动荡不安表示了忧虑，其中，南海问题就是有可能引发地区冲突和局部战争的一个因素。

唐磊/摘译

2016年6月

中国海外反恐战略的演进

杜懋之

欧洲对外关系委员会的高级政策研究员杜懋之（Mathieu Duchâtel）近日提交了一份题为《海外恐怖：了解中国发展中的反恐战略》的政策简报。杜懋之指出，中国应对国际恐怖主义的方式日益军事化，中国在联合国系统下发挥了积极负责的反恐作用，然而却少有重大的反恐议程，还未能担负起强有力的领导责任。

中国对待恐怖主义的外交立场受两大概念支撑：一是“双重标准”；二是“从根本上解决问题”。“双重标准”暗指西方世界对中国新疆政策的批评，其潜在含义在于，对中国而言最重要的是国际社会对其国内反恐政策的承认，与之相比，海外风险退居其次。“根本原因”则表明中国政策偏好从根本上解决引发过激行为的因素，比如经济发展不足以及社会正义的缺失。

近年来，尽管中国的外交措辞变化不大，然而其海外反恐战略却呈现出一种“军事化趋势”。2015 年 12 月，中国的全国人民代表大会常务委员会通过了新的《反恐怖主义法》，允许军队及武警参与海外的反恐任务。这部法律有可能带来中国海外军事力量使用上的变化。此外，中国人民解放军的原则、训练、装备、基地及外交活动上的新发展都发出了类似信号，而这种军事化趋势是由中国对其“海外利益”的立场变化所引起的。

为了应对这股新趋势，中国的国际合作方式也在转变，面对外国武装分子的问题，中国尝试通过外交努力，同包括欧洲在内的新伙伴达成信息情报合作。中国试图同欧盟建立反恐对话，但至今未能成功。在一些关键定义与方式方法上，中欧之间存在极大的规范性差异。这一障碍有可能从结构上限制中欧反恐合作的可能性。

中国海外恐怖主义威胁的增加

国际恐怖主义团体对中国海外公民的袭击相对少见，然而，中国公民面临的风险日益增加。在2004—2016年的大部分恐怖主义袭击中，中国公民都是附带损害的牺牲者，而非首要的袭击目标，比如，波士顿、巴马科及布鲁塞尔袭击案。然而，西方国家及其他国家间的差别并不能适用于发生在大都会城市中心的无差别恐怖主义袭击，中国也难以幸免——中国公民在全世界定居，因出差或旅游四处旅行，许多中国公民定居的国家都是时常遭到恐怖分子袭击之地，另外，3000多家中国公司在“动荡弧”沿线国家注册。

中国在联合国的反恐外交

中国主张联合国在所有与国际安全相关的问题上发挥领导作用。2015年11月巴黎袭击案后，中国外交部部长王毅在G20峰会上建议，应“建立联合阵线”，让联合国在抗击恐怖主义问题上的领导作用“充分发挥”。这一原则性立场贯穿于中国高层领导的所有声明。

在实践中，中国对联合国打击恐怖主义的贡献主要通过三大渠道：安全理事会、制裁委员会和反恐怖主义委员会，每一渠道都有其功能与作用。中国在这三条战线上都是一个积极的参与者，通过联合国安理会开展高层外交，通过制裁委员会调查并监视特定的个人与团体，并通过反恐委员会在第三方国家进行能力建设。

2016年4月，中国轮值安理会期间，推动了关于反恐问题的公开讨论。其起草的概念文件列出了中国认为最紧迫的几个问题：“双重标准”、堵住外国武装分子流入流出的渠道、切断金融交易，并阻止恐怖分子使用互联网及社交媒体，中国寻求国际社会采取积极行动，截断宣扬恐怖主义意识形态的互联网渠道，后一问题争议颇大。

中国在联合国反恐委员会中的投入并不特别突出。由于反恐委员会没有合适的能力建设设备，一旦反恐委员会代表团在评估访问后确定了特定需求，中国会双边跟进。

中国海外反恐战略的军事化

在实践中，中国追寻的反恐战略大部分都在联合国系统外，主要通过多边渠道与双边渠道的交互，并越来越依赖军事力量。这与中国人民解放军保护中国海外利益的新指导方针是相吻合的。

《反恐怖主义法》的颁布

中国新举措的基石是第一部《反恐怖主义法》，该部法律列出了中国寻求跟其他国家交流合作的几大领域：情报共享、司法和执法合作、监控恐怖组织的财务运作。另外，该法向国际社会，特别是西方社会澄清政策实践的法律定义。中国旨在现代化其法律系统的标准，并改善法律系统的透明度，向国际社会合法化现存的执法实践，表明其国际合作是建立在清晰明了的法律框架之下的。

该法的国际层面不仅是寻求国际社会的认可，其关于海外军事力量运用的第 71 条，可能成为潜在的游戏规则改变因子。条款中的“派员”可以是派遣个人执行事实搜寻的外交任务，也可以是派遣不同数量的军队，同样也可以适用于教育、训练与情报领域的军事交流，甚至用来描述已有的同外国部队的联合军演。

不过，中国仍然避免单边军事干涉，且有必要获得目标国家向中国人民解放军发出的介入请求。反恐法是中国关于海外军事力量运用思想发展的又一里程碑。

解放军军事演习的国际化

中国应对海外恐怖主义风险的方式日益军事化也体现在中国人民解

放军同他国部队联合军演的发展上。自 2002 年同吉尔吉斯斯坦的首次军演后，反恐怖主义行动已经成为中国人民解放军国际化的强大载体。

陆上军演为中国军队未来反恐任务的发展提供了有价值的作战经验。特别是许多演习都给中国的特种部队提供了在不同环境下打击恐怖主义的训练机会。国际反恐怖主义合作的军事合作并不仅限于中国的西北边境，中国军队同泰国以及印度尼西亚还有定期交流。

中国人民解放军的反恐外交

中国人民解放军在反恐怖主义的外交层面也发挥了突出作用，推动了情报与边界控制合作。

到目前为止，中国、阿富汗、塔吉克斯坦、巴基斯坦四边合作通过上海合作组织下属的反恐怖主义合作中心多边或是同大中亚地区国家之间的双边合作展开。关于这一新的还在不断发展的机制的初始信息表明，新计划主要致力于加强边境控制。

中国人民解放军通过参与他国防务能力建设，比如军事援助与武器转让，在他国反恐怖主义能力建设上也很积极，比如在非洲帮助尼日利亚打击博科圣地（Boko Haram）。

中国对欧洲的反恐提议

中国已经同法国、德国以及英国建立起不同级别的反恐对话，此外还有一些不太具体的合作形式，如在外交政策上的战略对话。

中国也要求同欧盟就恐怖主义问题建立对话，不过至今未能成功。欧盟委员会关于中国战略的文件声明，欧盟“应在双方都同意的条款基础上，开放同中国在反恐怖主义领域的合作，其中应包括健全的法制与人权条款”。这清楚地表明了欧盟仍寻求同中国在法治与人权问题上达成共识。

中欧合作的另一阻碍在于制度，欧洲刑警组织（Europol）——欧盟的执法部门，协助成员国打击恐怖主义——关于国际合作的限制非常严格，无法成为中国的对话者。

结 论

一旦中国公民成为新的海外袭击牺牲者，中国应对国际恐怖主义问题的日益军事化就有可能加速。不过，中国不会轻易跨越战争与使用军事力量行动之间的门槛，仅限于人员撤离、保护性巡逻、维和、人道主义救援、赈灾，以及参与多国联合行动打击海外恐怖组织，或是派遣海外空军部队解救人质。未来危机的走向将决定中国领导人的反应，甚至可能促成戏剧性的转变。随着中国日益成为国际反恐怖主义军事行动的参与者，欧洲也不能忽视中国。因此，欧盟应加强同中国之间的交流。

杨莉/编译

2017 年 2 月

中国的发展融资是对国际秩序的挑战吗？

杜大伟

由美国布鲁金斯学会约翰·桑顿中国中心高级研究员杜大伟（David Dollar）撰写的报告《中国的发展融资是对国际秩序的挑战吗?》（Is China's Development Finance a Challenge to the International Order?）于2017年11月刊载在该机构的官网上。作者认为，中国的发展融资似乎更多的是对全球体系的完善，而非挑战。其主要内容摘译如下。

日益增长的中国发展融资

目前，中国的对外投资主要有对外直接投资和发展融资两种类型。中国的对外直接投资模式与西方类似，即被对象国的市场和自然资源所吸引。“一带一路”倡议对中国的对外直接投资几乎没有任何影响，因为中国的对外直接投资大部分流向美国和其他发达经济体，它在很大程度上是商业性的。

“中国发展融资”（Chinese development finance）指的是中国向发展中国家提供主要用于基础设施建设的资金。中国的发展融资在国际金融危机爆发后大幅增长，且近年来约有一半投入了“一带一路”沿线国家，但其分布模式却是难以理解的。人口可能是唯一具有重要解释力的变量，GDP规模、自然资源储量、政治稳定和法治状况等变量的相关性均不显著。总的来看，非洲国家有获得更多融资的趋势，但也不是十分明显；亚洲国家也并不比其他地区的国家获得更多融资。中国的发展融资未呈现出地域分布的规律，表明它更多是由需求驱动而非由中国总体规划的供给驱动。此外，值得注意的是，观察2012—2014年获得中国发展融资最多的20个国家会发现，大量来自中国的融资实际流向了有债务风险的国家。

债务可持续性问题

中国日益增长的发展融资会引发一系列事关全球治理的问题，尤其是债务的可持续性。尽管向中国借款的国家平均债务水平并不高，但平均债务水平的快速增长确实值得留意。此外，虽然不是所有从中国大举借贷的国家都处于债务困境当中，但其中一些国家的治理状况确实十分糟糕，在这些国家中发展融资往往没有得到有效利用。

不过，中国并非不遵守全球金融体系的规范。以委内瑞拉为例，因为考虑到一旦油价下跌该国将无法偿还贷款，中国曾与其就贷款条款重新协商。此后，由于委内瑞拉经济管理不善，危机进一步加深，中国就停止向该国提供新的贷款。由此可见，中国并不会为委内瑞拉开“空头支票”。

最近，中国人民银行与国际货币基金组织正在筹建联合能力建设中心。该中心将为中国和其他发展中国家的官员开设有关融资的核心课程，而课程之初将会强调的一个重要主题就是债务的可持续性分析。

总的来看，对债务可持续性问题的客观评估是，利用中国贷款进行基础设施建设的大多数发展中国家的财政状况是良好的。尽管有少数国家债务过多，但它们已经向国际货币基金组织这一提供紧急资金援助的传统机构求助。

环境和社会保障问题

中国正在资助的基础设施项目通常都有较大的环境风险，并牵扯大量移民的安置问题。因此，中国的发展融资所涉及的第二个问题便是环境和社会保障。

事实上，已有的多边开发银行已经制定了严格的环境和社会保障政策。这些政策通常包括请第三方专家（通常是由政府出资）对项目进行研究、与受项目影响的各方（有时包括非民选的非政府组织）磋商、将项目公示并接受公开评议等。这些政策确实为项目实施提供了保障，但在此期间项目无法推进，使得政府与多边开发银行的合作变得既耗时又昂贵。因此，这些发展中国家转而寻找其他资金来源。

基于以上背景，中国的出现获得了大多数发展中国家的欢迎，因为中国的立场是，遵循东道国的法律法规。这种做法被认为是更为灵活且反官僚主义的。但问题是，这些国家的环境和社会监管往往十分薄弱，在治理不善的国家尤其如此，由此增加了在当地进行的基础设施项目所带来的环境和社会风险。

目前，中国商务部已经发布了有关中国企业海外投资的环境和社会政策的一系列指导方针，要求在海外经营的中国企业进行环境影响评估，制定改善措施，并与当地合作明确投资的潜在负面影响。

亚投行的作用

尽管目前“一带一路”倡议的大部分资金来自中国现有的政策性银行，但未来亚投行也将发挥作用。亚投行是首个由中国倡议设立的多边金融机构。为什么中国要倡议设立亚投行呢？因为已有的多边开发银行运作模式暴露出较多的缺陷。现任美国耶鲁大学全球化研究中心主任埃内斯托·塞迪略（Ernesto Zedillo），在国际金融危机期间曾领导国际委员会调查多边开发银行的绩效，并提供了针对世界银行治理改革的“塞迪略报告”。然而，传统的多边开发银行并没有据此进行有意义的改革。发展中国家基础设施建设的贷款需求与现有国际金融机构可提供的贷款之间的资金缺口，为新兴经济体建立一个直接致力于解决该问题的新类型的银行提供了机会。亚投行的章程非常符合世界银行和亚洲开发银行的宗旨，但同时它也几乎回应了“塞迪略报告”中的所有建议。

此外，环境和社会保障问题仍是围绕新银行设立的讨论要点之一。就亚投行而言，其业已发布的环境和社会保障政策与世界银行的保障措施所体现出的原则类似。不同点在于，亚投行避免对风险管理的过程进行详细规定，因为世界银行数百页的详细规定不可避免地造成执行缓慢和官僚主义的问题，而且管理往往是非常厌恶风险的，这会导致不必要的研究支出。亚投行的领导层希望其在达到国际标准的同时能够更及时、更划算。这在很大程度上是一个执行问题，需要时间和经验来判断它是否成功。

总之，亚投行可能是一个非常有益的创新。因为当前大多数投资和增长都发生在发展中国家，如果亚投行的活动反映了这些国家的偏好，那么它的工作将更加有效。此外，如果亚投行能够向世界银行和各地区的开发银行施加压力，促使它们简化程序并加速开展基础设施建设项目，那么这将是中国对全球体系改革的一大贡献。

综上所述，中国正在向全球规范的方向发展。如何有效地提供发展融资是需要通过学习来不断积累经验的，而在这个过程中，中国有可能会随着时间的推移不断改进。而且也没有人认为先前存在的体系是完美的。因此，中国可能会为国际发展融资体系带来积极的变化。为鼓励更多有效的来自中国及其他援助者的发展融资，美国和其他西方国家应支持亚投行的发展，并对现有的多边开发银行运营模式进行改革。

唐磊　王欣仪/编译

2018 年 1 月

中国的数字经济及其全球影响

菲利普·施塔布等

德国艾伯特基金会经济与社会政策室 2018 年年初发布菲利普·施塔布（Philipp Staab）和弗洛里安·布托罗（Florian Butollo）的工作报告，标题为《中国如何挑战硅谷?》（Digitaler Kapitalismus – Wie China das Silicon Valley herausfordert?）。报告内容摘编如下。

长期以来，西方的商业互联网主要掌控在极少数几个大公司手中，即四大科技巨头“GAFA”（谷歌、苹果、脸书和亚马逊）。GAFA 的市场占有率主要是从 20 世纪 90 年代末互联网泡沫破灭后逐渐建立起来的，而今占领了全球商业互联网的大部分市场。

数字资本地理分布

如果仅仅关注西方治下的商业互联网，往往会忽略 GAFA 联盟未能占据统治地位的其他市场。一是俄语地区市场，主要由 Yandex 和 Mail. Ru 两大公司占有；二是中国市场，主要由百度、阿里巴巴和腾讯三大公司（下称 BAT）占有，BAT 在技术方面紧逼美国硅谷，而 GAFA 在中国市场不占优势。BAT 如何取得如此成绩？这几大公司的成功能否引领中国企业的整体提升？近几十年来，中国作为世界工厂意义非凡，但是与西方品牌相比，中国品牌仍处于相对落后的地位，那么数字经济的成功是否能够使中国经济最终成为全球强者？

国家投资

西方学界对美国西海岸数字经济的发展有各种评价，例如有的研究称其为“颠覆性科技”，但最多的评价是国家在数字经济的崛起中发挥着至关重要的作用。丹·席勒（Dan Schiller）2014 年在其关于数字资本主义的开拓性著作中，描述了军事肯尼迪主义的投资计划如何为数字领军企业的成功奠定基石。玛丽安娜·马祖卡托（Marianna Mazzucato）也曾分析过，国家资助的研发在第一台苹果手机关键性技术中发挥的重要作用。

国家投资曾在美国硅谷的发展历史中发挥了重要作用，如今在中国的数字经济中，国家投资结构也清晰可见。中国的高科技战略立足于工业化战略，其目标是实现科技和经济的自主创新。

2015 年出台的十年计划

“中国制造 2025”的目标是在多个工业领域打造一批极具竞争力的中国企业；通过充分刺激内需，打造以中国为核心的全球生产结构，而不是继续在全球生产链中处于末端，这将充分调动中国自身的创新力。可以说，“中国制造 2025”不仅仅是数字化战略，也不是德国工业 4.0 的翻版。

与“中国制造 2025”紧密相关的是“互联网 +”战略。“中国制造 2025”聚焦于工业领域，运用自动化技术和信息技术网来扶持工业企业。而“互联网 +”则主要致力于探索互联网在经济中可以扮演的角色。通过这两大战略的对接，中国将成为数字化的受益者。因为中国拥有庞大的工业体系和数字经济，而且与其他新兴国家不同，其商业互联网没有被美国公司所统治。

经济增长模式：国内市场数字化

可以想见，中国的数字经济将成为工业升级的重要推动力，因为作为互联网巨头的BAT与国家工业化战略和迅速增长的国内市场紧密结合。数字化成为中国品牌企业发展的传送带，使企业产品能够满足消费者的个性化需求。

这种模式首先由消费品行业进行试水，例如，家用电器龙头企业的高度自动化“互联网”工厂。尽管这种个性化生产还仅限于产品外观，但企业由此与客户建立起联系，智能家电提供菜谱就是这样的例子。消费者购买的不仅仅是一台冰箱、洗衣机或空调，企业根据客户的个性化数据提供的服务才是卖点。

产品个性化的另外一种模式是基于数字化平台的优势。中国互联网企业的优势部分得益于迅速增长的网购，尤其是阿里巴巴旗下的淘宝等，当然还包括其他平台。阿里巴巴成功的关键是其B2B平台为国外客户与国内供货商建立了联系。即使有最特殊需求的外国企业也能在此找到合适的供货商，这是按需生产的一种方式。

在此基础上，阿里巴巴又打造了B2C平台，即淘宝，主要针对国内市场。这一平台为具有一定技术水平的企业提供了获取订单的机会。因此，有学者这样评价淘宝：通常被认为是技术支持的网络，将小生产者纳入了数字经济的体系中。在这种情况下，供货商要成为按需经济平台中的一员，其技术水平不再是决定性因素。在多样化的网络中充满了必要的灵活性以及企业与客户之间的匹配度，这些将逐渐推动技术升级。

巨大的国内市场的增长不仅是基于规模效应，更是基于专门化的消费者结构。竞争较为激烈的是中等质量市场，在这部分市场中中国企业凭借质优价廉可以与西方企业一较高下。对这部分市场的争夺成为中国工业升级的推动力。在数字化的帮助下，中国企业可以形成其最重要的优势：直接市场和满足消费者个性需求的能力。

但是这一明显的进步不能掩盖中国经济存在的一些问题。例如，与西方国家相比，中国的创新体系和科技储备仍然处于弱势；经济发展仍然不平衡；等等。但无论如何，数字经济都是中国在2049年科技上赶超美国和欧洲的重要催化剂。

未来的继续拓展

随着基于数字化的国内市场的发展，BAT 企业走出国门也提上了日程。阿里巴巴和腾讯完成了国内市场网络化的基础性建设，为国内消费数字化模式提供了重要平台。但是在出口导向的经济发展模式中，中国企业全球化面临着另一个重要问题，尤其是在“一带一路”框架下，中国企业面临着与全球市场的无缝对接。

在这一背景下，BAT 企业如何实现跨国化？三大企业不仅均在纽约上市，而且阿里巴巴和腾讯走出国门更远。“中间”市场成为它们国际化的目标，尤其是东南亚国家，与中国的情况类似，这些国家中产阶级的消费能力相对较强。例如，在印度，阿里巴巴和亚马逊为争夺电子商务市场的重要份额展开了长期的价格苦战。

从中国的数字化市场来看，互联网平台在出口模式中也扮演着至关重要的战略角色。如今，阿里巴巴旗下的全球速卖通（Aliexpress）在线交易平台在德国已经开始供货中国软件，虽然物流需要两个星期，但随着“一带一路”框架下的基础设施投资和中国互联网平台在国际上发挥着越来越重要的作用，物流时长有望缩短到几天，而且中国数字化国内消费模式将推广至全球。

网络竞争者？

中国互联网企业想要进入 GAFA 的地盘还面临问题：在第三方市场中，GAFA 和 BAT 在何种条件下可以实现合作？如果在争夺市场份额时发生冲突，如何评估各自的实力？随着中国互联网平台的发展，涉及安全政策的全球互联网用户数据是否将从美国西海岸转移至中国东部沿海？

祝伟伟/编译

2018 年 2 月

重启中美贸易关系的思考

张克斯

2018 年 5 月，美国智库战略与国际研究中心（Center for Strategic and International Studies）的官网登载了费和中国研究项目主任张克斯（Christopher K. Johnson）的评论文章《重启美中贸易关系："你们要进窄门"》（Rebooting U. S. – China Trade Ties: "Enter Ye Through the Narrow Gate"）。该文重申了中美经济关系的强互补性，点明了两国贸易争端中的两大困境，并建议采取一种双轨制的方法以重启中美贸易关系。文章内容编译如下。

中美关系中的"经济减震器"

2019 年将是中美建交 40 周年。在这一背景下，许多笔墨着重于分析中美关系在近半个世纪里的发展轨迹。值得一提的是，许多美国官员、政策分析家和记者得出了这样的结论，即 40 年来美国政策持续性地强调与中国的合作到头来是一种虚假行为。但从事实来看，这种结论似乎是完全错误的。一方面，习近平所做的一切的用意都非常清楚，即实现"中华民族伟大复兴"的"中国梦"。于美国而言，虽然这绝不意味着它应该支持或默许，但至少不应该以当下这种似乎有点歇斯底里的反应作为应对。另一方面，回顾美国在过去 40 年中的做法也可以清楚地知道，主张对中国开放的政策设计者，以及支持这一政策的总统和决策者，大体上对于中美关系的根本性战略考量和两国合作的限度都是比较清楚的。

因此，美国需要直面的是这样一个问题，即美国对华政策无法保持连续性的原因不在于美国被华误导，而是美国决策者一直无法明确划定与中国关系的红线，以及更为重要的是未能贯彻这些红线。

或许正是因为存在这一问题，华盛顿方面在谈到中美关系时会产生诸多争议，以及与之相关的、不可否认的戏剧性变化。近期的许多中国分析也失灵了，其原因在于，分析家们对于中美关系仅有一种表面上的（或者说是必要的）兴趣，他们把中美关系中那些复杂的、非常微妙的部分过分简化为马甲般的叙事。在此情况下，有必要重申一个重要的观点，即在中美建交40年的绝大多数时间里，中美间的经济关系具有极强的互补性。换句话说，互补性的经济关系为两国关系中那些更具竞争性的甚至是冲突性的元素提供了“减震器”，这些元素包括反复提及的一系列安全问题，以及双方价值观和治理体系的差异。简言之，虽然其他张力一直存在，但它们很少会立即显现，也比不上两国所拥有的巨大的经济利益更为重要。

但是，由于中国有突破“中等收入陷阱”、迈向走到世界发达经济体前列的合理愿望，中美间的经济关系正变得更具竞争性。此外，两个与此相关的事实也大大增加了局势更为紧张的可能性。一是中国通过使用强劲的产业政策工具（如对领先国企的补贴）与扩大的监管制度来推进其目标，造成了美国（以及其他外国）商界对华态度的不友好。二是可能更为重要的是，中国的领导人实现这些目标的决心格外坚定。

上述两大因素交织在一起，导致了之前中美对“战略互信”的追求有可能被“战略分歧”所取代。“随着经济减震器不再像以前那样发挥作用，此前被抑制的中美关系中更具竞争性的元素正变得更容易、更迅速地被提上台面。”此外，中国的外交战略从韬光养晦向积极作为转变，强调中共领导地位和马克思主义意识形态等政策也起到了推动这一进程的作用。

两国贸易争端的主要困境

当意识到“经济减震器”的功能不再那么有效后，作者将注意力转移到研究中美当前贸易争端的含义以及两国领导人应该如何处理这种情况上来。张克斯认为，这场贸易争端的解决在根本上取决于两个主要困境。

其一，从表面上看，是这场争端中“向后看”和“向前看”两类元素的张力。前者关注的焦点是美国过去几十年起因于中国的传统制造业岗位流失的问题，以及与之相关的保护甚至可能是推进美国这些产业的愿望。后者则涉及与未来的知识经济（特别是服务业）相关的问题，以及对中国窃取美国核心知识产权和信息技术的担忧。

其二，与这场贸易争端联系更为紧密的另一困境是，战术性目标（减少贸易赤字）及相关工具（关税威胁）与结构性目标（努力克服中国的产业政策，以应对未来的产业竞争，以及考虑通过扩大投资、拒签等政策来试图压倒中国的产业政策）之间的张力。

上述两个困境使得中方很难完全理解美方希望他们做什么。中国的政治体制是自上而下、高度“烟囱式”的体系。因此，如果美方没有明确说明其优先事项，惯性将永远是中国政策体系所青睐的姿态。

重启贸易关系的双轨制方法

摆脱这两个困境——“向前看”的战术性元素，以及“向后看”的结构上的挑战——都有一定的困难，因此，似乎最好的选择是采用双轨制的方法。双方应该努力就战术上的问题迅速达成共识，同时延迟涉及结构性问题的未来几轮对话。

在战术方面，最好双方都能意识到聚焦于赤字的关税争吵只会加剧人们对潜在贸易战的焦虑，而不那么迫切的结构性讨论可能持续几十年甚至大多远离公众的视线，那么局面可能可以略微稳定一点。

在结构方面，一个起点可能是美国提出承认（而不是接受）中国提升全球价值和供应链的愿望（而不是权利），并且要以重大政策演讲的形式使公众知晓。作为回报，中国可以通过某种强有力的核查机制同意解决其产业政策中最棘手的问题。

最后，关于美国如何正确诊断美中经济关系中的问题，以及如何定义和实施与中国贸易的“红线”，一个更好的方法是，加强对中国实际情况的了解，理解中国领导人对国内经济发展的优先考虑，以及思考这将如何给美国带来更有利的影响。

王欣仪/编译

2018 年 4 月

特朗普时代的美国亚洲政策：三种潮流的并存

神保谦

美国特朗普政权诞生迄今已过一年，然而我们依然在与其政权的不确定性及内部每日持续的混乱打交道。2017年秋，上任后首次出访亚洲五国的特朗普曾提出“自由开放的印度太平洋”战略，但近来美国提出的限制钢铁和铝产品进口等措施则体现出浓厚的美国第一主义色彩。如何系统理解美国的亚洲政策，把握这些不确定性给亚洲秩序带来的影响，日本外务省下辖的霞山会主办的《东亚》杂志在2018年4月号（总第610期）上刊登了庆应义塾大学综合政策学部神保谦教授的文章，该文认为国际秩序进入2010年后半期以来，在结构上呈现出“地缘政治的回归”“地缘政治的衰退”及欧亚大陆“地缘经济的扩张”三重动向，在此背景下，“特朗普时代”的亚洲外交是由“美国第一主义”“经济民族主义”和“以实力求和平”的三股潮流组成，它们携各自磁场而发力，构成一个不等边三角形的力学结构。文章主要内容摘译如下。

国际构造的变化与地缘政治的三重动向

特朗普政权登上历史舞台正值2010年代的后半期，审视这一时期的国际形势，宏观上呈现出三重动向。第一重动向，“地缘政治的回归”（Return of Geopolitics）。美国政治学者沃尔特·拉塞尔·米德（Walter

Russell Mead）2014 年发表在《外交事务》（*Foreign Affairsnet*）杂志的一篇文章中称俄罗斯、中国和伊朗“改变地区势力均衡”的做法为“地缘政治的回归”。随着“冷战”的结束，人们相信在从东西“冷战”的构图中解放出来的世界，地缘政治业已退潮，对自由主义世界秩序为基石的全球化的期待日益高涨，与此同时，对地缘政治的关注也暂时被撇到了一边。然而行进到 2010 年代，地缘政治却开始了“逆袭”，表现在：其一，俄罗斯作为欧亚大陆的战略玩家的重新崛起引人关注，其通过合并克里米亚、军事介入乌克兰东部局势和支持叙利亚阿萨德政权等，展示了俄罗斯实力范围的扩大；其二，中国海空军力持续提升，频繁进出东海、南海和印度洋；其三，中东地区沙特阿拉伯与伊朗争夺势力范围，且将周边诸国卷入势头明显。

第二重动向，“地缘政治的衰退”（Geopolitical Recession）。这是由全球政治风险咨询机构欧亚集团（Eurasia Group）提出的概念，与前述第一重动向“地缘政治的回归”看似矛盾，却互为一枚硬币的正反面。因为带来俄罗斯、中国和中东“地缘政治的回归”的，正是美国及其同盟国“地缘政治的衰退”。20 世纪初十年，美国及其同盟国的安全保障政策远较现在具有全球视野。日美同盟提出“全球性共同战略目标”，将合作扩大至在全球范围内应对恐怖主义、遏制大规模杀伤性武器。同时，日本亦在多个领域深化了自身的参与度，例如针对阿富汗“不朽的自由之战”的印度洋海上补给、伊朗南部的萨玛瓦复兴支援、打击亚丁湾海盗等。此外，北约也领导了驻阿富汗的国际安全援助部队、训练伊拉克安全部队、参与地中海反恐作战、在苏丹达尔富尔问题上向非洲联盟（AU）部队提供后方支持，且意在与非加盟国发展“全球伙伴关系”，扩大与其他主要民主国家间的对话与合作。然而，这一不过 10—15 年前的日美欧“安全保障地理空间”如今看来却已大幅衰退。日本只顾着中国的海洋动向和朝鲜半岛核问题，欧洲正面临着从俄罗斯重新崛起到叙利亚难民、再到前所未有的城市恐怖主义三重安全保障风险。两者都忙着埋头于自身问题难以顾及其他，其安全保障的地理空间也就随着风险度的上升而不断缩小，这也正是“地缘政治衰退”现象的本质。

第三重动向是指欧亚大陆日渐显著的“地缘经济的扩张”。上述“地缘政治的衰退”造成的主要结果，便是催生了欧亚大陆的秩序真空。为了填补这一秩序真空，“经济的地理空间”的战略性随之增强并不断扩大。美国外交关系委员会高级研究员罗伯特·布莱克威尔（Robert D. Blackwill）将这一现象称为“地缘经济”的扩大，即利用经济手段以实现地缘政治的目标。中国的“一带一路”、俄罗斯的欧亚经济共同体等，都旨在通过扩大基础设施投资和经济合作而提升其影响力。特朗普总统所诞生时代的美国，正面临着这样一个“地缘政治回归”、“地缘政治衰退”和“地缘经济扩大”同时并存的世界。

特朗普外交的三股潮流：美国第一主义、经济民族主义、“以实力求和平”

特朗普在其竞选美国总统期间一面喊出“让美国再次伟大”（Make America Great Again）的口号；另一面质疑“为何美国不得不介入那么多的国际问题”，意欲减少美国对国际事务的参与，这两方面的表现正暴露了美国自身的大国志向与疲惫大国的双重性。并且，这种“疲惫大国”绝不仅是特朗普支持阶层中的特有现象，也充分反映在民主党与共和党的支持阶层中。美国之所以为大国，是因为其在战后的世界体系中拥有对国际秩序的定义权，并且发挥了提供维持这一秩序所必需的公共产品上的政治领导力。然而至少是在继续维持国际社会的自由主义价值这一点上，还看不出特朗普政权的热心。审视特朗普政权的外交政策，可以说其中同时存在着三种国际政治观。在笔者看来，这三种思考方式相互牵引，组成了当前特朗普外交的框架。

特朗普政权的第一种国际政治观即“American First”（美国第一主义），这也是其治下《美国国家安全保障战略》的首要课题。维持自由主义国际秩序虽仍是美国的重要国家利益，但只由美国来负担这一成本并不合理。在美国的优先次序中，首要的是确保自身的安全和繁荣，其他国家的问题则应先由当事国承担第一责任。顺着这个思路展开来，就会回到即便同盟国也不能光靠美国来确保国防和地区安全、必须提高自己负担的争论中。

特朗普政权的第二种国际政治观是“经济民族主义”，以及从中推导出的与各国的“交易”。“交易”是为了实现“American First”所进行的，进一步说是在外交谈判中更加重视维护特朗普政权核心支持层的利益。尤其表现在：从多边贸易谈判中退出、转而重视双边谈判，限制移民，减免法人税和促进国内直接投资等政策上。而退出跨太平洋伙伴关系协定（TPP）、重新谈判北美自由贸易协定（NAFTA）、重审美韩自由贸易协定（FTA）、开征贸易“互惠税”等，均为这一国际政治观主导下的实际政策。

第三种国际政治观则是美国要通过重整军力实现“以实力求和平”。特朗普在竞选期间已公开承诺要使奥巴马政府强制压缩美军预算的计划无效化，并实现陆海空军现代化、扩充核武实力和增强弹道导弹防卫力，从而确保“美国重新强大”。美国 2018 会计年度军费预算在共和党占据多数席位的参议院的助力下比特朗普总统提出的额度更高，达到 7000 亿美元。可以想见，2019 年度美国防预算的增幅还将继续提升。

特朗普时代的亚洲政策：
三种国际政治观并存的不等边三角形

在上述“美国第一主义”、“经济民族主义”和“以实力求和平”三股潮流的作用下，特朗普政权的亚洲政策究竟呈现出一种怎样的图景？

美国对外政策一般呈现两种姿态：“积极参与”，主张美国对国际事务积极干预并承担相应成本；“消极参与”，主张美国明哲保身，将处理问题的成本交由他国自行负担。美国对华政策则存在两种基调：“对华遏制”，从零和角度看待美中关系，主张战略竞争与对抗；“对华妥协”，认为美中关系是既有竞争又有合作的非零和关系。“美国第一主义”代表的是“消极参与与对华遏制”，“经济民族主义”则代表“积极参与 + 对华妥协”，“以实力求和平”则是“积极参与 + 对华遏制”。当然，这三种思考方式之间并非彼此排斥，而是各自具有一定的振幅，它们互为张力，构成了一个不等边三角形。

然而，令亚洲诸国的外交团感到困惑的不仅是这三种潮流相互拉扯间的振幅，还有很难判明它们之间的优先次序到底是怎样，以及在每一项具体的政策课题上特朗普政权是如何权衡利弊的。最典型的例子莫过于其在台湾政策上的混乱了。一边是“经济民族主义者”的特朗普总统看起来正积极跟中国进行经济交易；另一边是战略上奉行零和竞争的政权精英好像又在拒绝与中国开展合作。而对于这两种战略观之间的分歧，特朗普总统本人并不太在意。究其原因，正是因为三种潮流中的任何一个都合乎特朗普的思维方式，即便整体上看起来有些矛盾，但每部分却并不矛盾。不过也要清晰地看到，即便勾画出了特朗普政权外交政策的思考路径与轮廓，也依然难以消除其实践中的不确定性，2018 年特朗普政权的亚洲政策仍要从这三种潮流组成的不等边三角形的振幅中去把握。

袁静/摘译

2018 年 6 月

美国不应用贸易制裁对付中国

马修·古德曼　伊利拉特纳

由美国国际战略研究中心（CSIS）政治经济学主席马修·古德曼（Matthew P. Goodman）和美国新安全中心（CNAS）副主席、研究主任伊利拉特纳（ElyRatner）撰写的报告，《一个比贸易制裁更好的制衡中国的方案》（A Better Way to Challenge Chinaon Trade），2018年3月刊载于《外交事务》（*Foreign Affairs*）杂志。作者认为，贸易战不是解决中美贸易摩擦的好方法，更好的解决方案应该包括：重返跨太平洋伙伴关系协定（TPP），用更加严密的防御措施和手段保护美国创新力和关键核心技术，团结盟友合力对抗中国，加大本土投资战略等。

作者认为，大面积向中国征收高额关税将直接损害美国众多公司和广大消费者的利益，也间接损害了美国盟友的利益，破坏了全球自由贸易体系和贸易准则。制约中国不能靠简单的贸易战，更重要的策略是保护好美国的创新力和核心技术，尽快将搁置的加大本土投资计划提上议事日程，以刺激美国经济的持续繁荣，维护美国在国际经济和贸易体系中的主导地位。

该文发表之后不久，美国总统特朗普下令白宫全国经济委员会主任库德洛和美国贸易代表莱特希泽研究重新加入TPP的可能性。4月16日，美国商务部宣布禁止向中兴通讯出售任何电子技术或通信元件，禁期7年。编者认为，该文提出的主张有可能促使美国政府修正对华贸易政策，使其贸易保护措施更具战略性和针对性，并调整美国与欧洲和日本等盟国的关系。及时了解相关信息，有助于我国及早做出预判，避免在中美贸易往来中处于被动，因此特将该文的主要内容摘译如下。

加收关税是解决中美贸易摩擦最狭隘的策略。虽然特朗普反对中国重商主义的做法得到美国政界和商界的广泛认同，但是其方式和手段备受争议。特朗普政府在启动世界贸易组织（WTO）多边争端机制之前开启了久置未用的国内法，即1962年的《贸易扩张法案》（*Trade Expansion Act*）和1974年《贸易法案》（*Trade Act*）条款，该法案允许美国政府对危及国家经济安全的不对等贸易行为做出回应。这一做法可能导致以下结果。

第一，加税短期得利，长期则弊多。特朗普的加税策略是解决问题的最狭隘的方案，虽然在短时期内美国可以获利，但是其所造成的损害将远远大于好处。除了少数人，绝大多数经济学家都认为加税是一个糟糕的贸易制裁手段。它会直接提高消费品的价格，提高依赖从外国进口原材料的下游企业的产品价格。譬如，特朗普对钢铁制品加征关税，尽管对美国的钢铁行业有利，但对整个制造业却是糟糕的行为。据测算，因征收关税从钢铁和铝制品行业中获得的几万个工作岗位将被因贸易战而受牵连的近50万个就业岗位所冲销，这意味着每增加一个工作岗位将同时损失大约18个工作岗位。这绝不是危言耸听，乔治·布什总统2002年征收的钢铁关税，就致使美国丢失了20万个工作岗位。

第二，加税可能扰乱全球供应链。特朗普的加税计划，很可能会扰乱全球供应链，使全球贸易体系产生保护主义的连锁反应。其他国家可能会效仿特朗普的做法，以国家利益和安全为由，筑起各种贸易壁垒，将美国企业拒之门外，受影响的也将包括美国自己。

第三，广泛征税损害了盟国间的政治互信。特朗普做出对多国钢铁和铝制品加收关税的鲁莽决定，破坏了利益相关国家建立联盟的努力。钢铁和铝制品关税的征收对象涵盖了包括欧洲和亚洲主要盟友在内的所有贸易伙伴，这一举措向澳大利亚、日本和德国等盟国发出了错误信号。加税引发欧盟委员会公开表示将对美国的牛仔裤和蔓越莓等商品征收报复性关税；韩国外长则暗示将在朝鲜半岛问题上采取不合作立场。迫于多方压力，特朗普政府免除了多数贸易伙伴的关税，但日本等重要盟友仍留在征收名单上。显然，因为处置不当，盟国间广泛的政治互信遭到了损害。

美国调整对华贸易的主要策略

特朗普政府目前处理贸易纷争的方式不是最好选项，中美不能也不应该停留在毫无结果的对话和无休止的谈判中。作者建议华盛顿和美国盟友们加强合作，从而把美国的损失降到最低。具体包括以下措施。

第一，给予“外国投资委员会”（CFIUS）更大的权限。美国应给予“外国投资委员会”更大的权限。该委员会主要负责由国会立法通过的关键技术筛查工作，审查外国投资者涉及国家安全领域的投资意图。

第二，建立贸易保护措施风险评估机制。美国更应重视的是建立起贸易保护风险评估机制，在采取行动前做潜在风险评估，争取其他贸易伙伴的支持，避免让华盛顿遭受违反国际公约的指责。

第三，团结盟友。为了避免中国在这场贸易战轻而易举地找到一个出价最高的贸易伙伴，美国应率先与亚洲和欧洲盟友向 WTO 提起申述，并共同遏制中国在全球开展的投资活动。

第四，重返跨太平洋伙伴关系协定（TPP）。除了防御性战略外，美国应该以更积极的姿态制定新的世界贸易和投资准则，并促使包括中国在内的国家共同遵守规则。这其实是 TPP 和 TTIP 签订的真实意图。由于特朗普执意退出，估计到 2030 年美国将损失高达 1310 亿美元的潜在收益，更遑论没有美国主导的谈判，已经导致多项涉及知识产权和其他多边贸易条款的谈判被搁置了。

第五，尽快启动保护核心技术和加大本土投资的战略。中美两个大国的竞争并不局限于贸易领域。作者认为，这场可能的贸易战提醒美国必须加大本土投资，高质量的医疗教育和基础设施建设对美国人民来说堪比任何一项贸易或关税谈判。美国政府应当充分重视两党共同提议的、促进美国在 21 世纪经济贸易自由市场全面繁荣等一系列有价值的提案，如新福利政策，包括劳工保险、国外企业回迁支持、移民职业优先许可等。

第六，以美国的制度优势保护好制造业。美国阻止不了中国的技术进步，美国最值得珍视的法宝是继续占领技术制高点并始终居领先地位。因此，美国必须支持创新企业始终屹立于世界科技制高点，加大对基础科学研究的投入，以支撑美国经济和科技的领先地位。这意味着以美国的制度优势支持大胆创新的高科技企业发展成为科技巨头，如亚马逊、苹果和谷歌等。所以，不要因为技术转让问题或太大、太强等垄断嫌疑，就把这些公司整垮掉。除此之外，美国需要加大对基础科学研究的投入，以支撑强大的创新事业，这是 20 世纪以来美国始终保持科技霸权的利器。

综上所述，解决美中贸易问题需要两国的智慧和勇气。美国的当权者必须有勇气和政治智慧，阻止两党为票仓在贸易战上坚持单边主义思维。事实上，美国人民一如既往地支持自由贸易。根据最近一项盖洛普的民意调查，高达 70% 的美国民众认可对外贸易是经济增长的引擎，仅有 25% 的人认为是威胁。尽管两党内部尚存不同意见，但显然支持者更多，这是两党在对华贸易问题上可以寻求达成共识的基础。

华盛顿采取自我孤立、惩罚盟友、消解遏制中国形成国际合力的做法，显然是自我断臂。前车之鉴是，奥巴马时期大部分类似的举措都适得其反。美国应该有更好的制衡方案，这个方案包含两个方面的内容：一是用更加严密的防御措施和手段保护美国关键性核心技术，以保护美国在高科技领域的竞争优势；二是尽快将搁置的加大本土投资促进美国持续繁荣计划提上议事日程，从根本上提高竞争力。

吴宏洛　赖海榕/编译

2018 年 4 月

二

中国国家形象与国家软实力

中国软实力：对儒学和孔子学院的挑战

安雅·拉赫蒂宁

芬兰学者、赫尔辛基大学孔子学院外方院长安雅·拉赫蒂宁以切身经验与思考撰写文章，发表于《比较亚洲发展》（*Journal of Comparative Asian Development*）2015 年第 2 期，该文（原文题为 China's Soft Power：Challenges of Confucianism and Confucius Institutes）对中国软实力传播特别是孔子学院的海外运作进行了有价值的反思。以下为文章梗概。

中国人眼中的软实力

哈佛大学教授约瑟夫·奈把软实力定义为一个国家通过外交和吸引力而不是武力（如军事行动）获得其所希望结果的能力。这一概念很快被引入中国，受到中国的学者、记者和官方分析家的重视。在中国人看来，西方人对中国的偏见源于缺少对中国文化本质的理解，而现在是让世界更好地理解中国的时候了。一旦他们更好地理解了中国人民，就会发现和谐是中国传统文化的本质之一，而一个推崇和谐的国家绝对不会对世界其他国家形成威胁。所以中国应该帮助外国了解其文化、传统和宗教，尤其是中国人的思维方式。

在全球化时代，软实力越来越重要，因此中国政府努力通过外交、经济和文化手段来提高其软实力，借以达到服务意识形态和政治的目的。

赫尔辛基大学孔子学院

2004 年中国在首尔建立了第一所孔子学院。到 2013 年年底，中国共在 120 个国家和地区建立了 440 家孔子学院和 646 处孔子课堂。作为“外国人学习中国语言和文化，理解现代中国的地方”，孔子学院致力于加深中国与其他国家的友好关系，促进多元文化的发展，以及建设和谐世界。孔子学院不仅是推动中国软实力的合作与交流平台，而且还是“中国梦”的重要内容之一，因此它得到中国政府的全力支持。

赫尔辛基大学孔子学院成立于 2007 年，是赫尔辛基大学和中国国家汉语国际推广领导小组办公室（以下简称“汉办”）的合作项目，中国人民大学被指定为学术伙伴大学。下面我们从战略、结构等 7 个方面来考察该机构的基本情况。分析表明，孔子学院内部呈现多种冲突：主客两方的利益冲突、管理层的权力角逐、缺少信任和合作以及人员之间的矛盾等。

第一，战略：双方没有真正的、相互认可的战略。根据协议，孔子学院利用汉办和合作大学的资源来开展汉语教学和推广中国文化以及开展中国研究。但中方在学术合作或中国研究方面并没有提供真正的支持，在改善汉语教学方法或提高教师技能方面也乏善可陈，“走向全球，入乡随俗”也并没有得到真正贯彻。比如，尽管汉办宣布孔子学院尊重当地文化和教育传统及社会风俗，但实际上其解释权却在汉办。

第二，结构：合作结构非常复杂，涉及孔子学院、汉办和中国大学（作为学术伙伴方）三方组织。孔子学院的管理层包括外方（本地）院长、中方院长以及来自合作大学和中国伙伴大学的三名成员组成的董事会。外方院长来自合作大学，也是孔子学院董事会成员之一。汉办/孔子学院总部监督孔子学院，从中国大学里挑选中方院长和教师。汉办还提名中国大学作为学术伙伴方。不同级别和不同参与者之间缺乏交流，日积月累造成了很多误会，而消除这些误会则浪费了许多时间和资源。

第三，制度：孔子学院负责制定自己的预算和财务报表，但中方和外方（合作大学）两种制度同时运行。汉办/孔子学院总部提供指导方针和资金，合作大学提供教学设施及负责当地员工的薪酬。两种制度互不相容，运作起来既复杂又耗费时间。此外，中国方面的制度基本上是通过中文来沟通完成的，因此需要中方院长的协助，所以其协助外方院长和雇员的能力就变得尤其重要。

第四，风格：除了制度不同以外，中国和当地工作风格的不同也不容小觑。这些差异体现在交流的风格上，如报告的内容和方式等。事实上，工作场所中的人员各自具有不同的文化背景，非常容易引起误会和误解。

第五，人员：孔子学院有中方工作人员，也有当地人，能力水平各有不同。当地人员中包括孔子学院的外方院长和雇员。中方人员包括中方院长、一名教师和一名志愿者教师。此外，孔子学院还负责管理另外5名志愿者教师。合作大学雇用外方院长和其他雇员，中国派遣中方院长、教师和志愿者教师。由于缺少共同战略和一体化的、适宜的工作制度，这种由不同文化背景、理想和能力的人员组成的团队所面临的挑战是巨大的。

第六，技能：外方院长和员工由合作大学通过公开招聘而来，而汉办则派遣中方院长来帮助外方院长和中文教师开展工作。随着孔子学院开办数量急剧上升，出现了外派教师短缺的现象，于是只好派出更多的志愿者教师，但由于他们基本上是年轻的大学毕业生，聪明、热情有余而教学经验不足。合格的中方教师又不熟悉当地的教学方法和现代技术，因此团队成员之间存在不信任和疑虑，难以形成相互之间的信任和支持。

第七，共同价值观：共同价值观是其他所有关键要素的中枢，但孔子学院的各方并不存在共同的价值观。孔子学院在战略、结构、制度、风格、人员和技能方面存在的问题表明，必须要做出改变。因为价值观和目标不一致，他们就不会全力投入工作，也不会努力提高技能以满足工作需要。相反，孔子学院成了某些人体验异域文化、满足私人欲望的平台。中国政府建立的孔子学院是中国软实力建设的一部分，其目标在于提高中国的国家形象、赢取人心，以及在全球建立伙伴关系和多边合作关系。通过推广中国语言和文化，外国合作伙伴——大学或其他实体——认为可以从中受益，而在外交助力之下的文化推广活动则实现了政府的目标。因此显而易见，所有外国伙伴都希望维持现状，甚至某种程度上陷入了无视上述弊病的文化局限性的陷阱。

结 论

作为一个大国，中国渴望得到世界的尊重。中国政府致力于打造其国际形象，还通过把儒学与和谐世界作为西方哲学和霸权之外的另一种方式，以增强其软实力。但向古典学术和儒家伦理的回归能否帮助中国政府实现其“中国梦”？

中国政府耗费巨资在全世界建立孔子学院，目的就是扩大文化交流。积极的结果是中文的学习人数和文化交流活动量有了大幅度提高，加大了对中国的了解。但是本文的分析也显示，孔子学院面临着诸多挑战。体制推动下的儒学和孔子学院能在多大程度上提升中国的软实力，建设一个能与西方价值观体系一决高下的新的世界秩序？儒学和文化本质上是思想的对话和观念的交流，而不是政治工具，因此儒学和孔子学院似乎并未如设想的那样成为强大的软实力的组成部分。

但历史悠久的中国有着伟大而深厚的文化传统，为中国开展公众外交提供了巨大的潜能。中国并不缺少公众外交和软实力资源，缺少的是推动软实力的意识和手段。此外，更为关键的是中国的软实力如何被世界感受到，如何利用软实力资源，如何行动以及如何提高吸引力。

崔玉军/编译

2016 年 2 月

美国流行文化如何影响中国人对“美丽的帝国主义”的看法

彼得·格里斯等

因为浩瀚的太平洋所分隔，绝大多数中国人与美国和美国人尚未有过直接的接触。然而今天，美国名人和流行文化在中国却无处不在。尽管政府限制其数量，但好莱坞电影在中国一直大行其道，北美的嘻哈音乐、摇滚音乐歌手也寻求在中国发展新的拥趸。席琳·迪翁甚至在央视春晚上用中文演唱了民歌“茉莉花”。除此之外，美国流行文化还通过体育运动得到传播。自 2002 年姚明被火箭队选中，中国人对于美国国家篮球协会的兴趣与日俱增，NBA 球星因此名声大噪。

那么，美国的流行文化会影响中国人对美国的看法吗？就此，美国俄克拉荷马大学美中问题研究所主任、国际与区域研究教授彼得·格里斯等人在《中国季刊》2015 年 12 月第 224 卷上发表研究报告（原题为“Hollywood in China：How American Popular Culture Shapes Chinese Views of the ‘Beautiful Imperialist’——An Experimental Analysis”），描述了他们完成的相关心理学调查与实验的结果。

美国流行文化和中国人对美国的看法

上述种种面向全球化的美国流行文化的开放，使得中国人与美国及美国人产生了间接的接触，那么这是否影响了他们对于美国的态度？这个问题既然具有理论意义，因此有助于有关全球化的社会心理学的学术发展，还具有实质的政策意义，因为中美关系是21世纪最重要的双边关系。全球化的美国流行文化是影响中国人对美国信任与否的一个潜在要素，而更好地认识当今美中关系中的误解和不信任根源是当务之急。

与传播理论相关的研究显示，美国流行文化对中国人之美国观的影响主要是正面的。在讨论20世纪50年代新大众传媒的作用时，学者们曾提出在观众和表演者之间会发生“类社会的”（parasocial）相互作用，产生“面对面关系的幻觉”。基于社会心理学家高尔顿·奥尔波特影响颇广的“接触假说”（contact hypothesis），传播学学者最近更提出一种“类社会接触假说”（parasocial contacthypothesis），认为对受到非难的群体给予间接的媒体曝光也可以减少相应的偏见。

上述理论和调查结果主要针对一国之内不同社会群体间的关系，在涉及国家之间的关系时是否也能说得通，特别是“类社会接触”的假说是否适用于中美关系？最近，一个学者小组根据一项针对美国人的大型便利抽样（convenience sample）调查，证明对中国的更多的了解（不管是在与中国人的直接接触还是间接接触方面）能够发挥预期的中介作用。然而，如果这些知识更多涉及负面的内容，也有可能反过来推动美国寻求更为强硬的中国政策。因此，有关中国的知识是一柄“双刃剑”，对政策的影响有利有弊。

与美国人的接触是如何影响中国人对美国的看法的？特别是好莱坞是否推动了中国人有关美国的正面看法？本研究利用两项实验尝试寻找相关的答案。这两项研究于2013年9月和年底进行，参加者分别是129名和339名中国人，目的是利用实验设计来探讨对美国名人的间接了解之于对美国态度的因果作用。

第一项调查的结果显示，总体而言，印有美国名人的中国杂志封面要比印有中国名人的杂志封面的吸引力略高一筹。尤其是接触以美国名人作为封面的中文杂志增强了对于美国的热情，但是这种情况只表现在更为世界性的、不具有很高民族自恋（national narcissism）的中国人中。

曾有跨文化心理学家提出一种“双文化接触效应”（bicultural exposure effect)，即同时接触多元的文化从而使得文化的分界更为突出。在某些情境下，这样的接触可能被认为是一种文化入侵，促进了对外来文化的排斥性反应。而第二项实验正是要证明实验参与者到底是不喜欢这些美国名人，还是将这种现象看作一种文化入侵。

结果又一次显示，实验条件和民族自恋之间有着显著的相互作用，高民族自恋和低民族自恋以截然相反的方式对提供的实验模块做出反应，尤其是低民族自恋的参与者对双文化接触表现出一种包容性反应，对美国显示出更多的热情。相反，高民族自恋的参与者在这种双文化接触中表现冷淡，显示出排斥性反应。此外，第二项实验还显示，冷淡的排斥性反应尤其发生于当这些民族自恋者看到美国名人印制在中国杂志的封面上时。

结论:《功夫熊猫》效应

电影《功夫熊猫》在中国造成了连续冲击，获得了高额的票房收入。但是并非所有的中国人都感到高兴，例如，有的艺术家和学者就认为这一电影涉嫌某种“文化入侵”。其他一些中国人则不以为然。例如，他们觉得别国在电影中利用中国的文化元素并没有什么不妥，而从票房的巨大成功来看，持这种态度的人并非少数。

本研究的实验结果显示，围绕《功夫熊猫》的争论可以推至更广泛的问题，即在快速全球化的世界，不同的中国人群体对越来越多地与美国名人和流行文化的接触做出何种反应。实验显示，低民族自恋的、更为世界性的实验参与者，在看到杂志封面上的美国名人之后，对美国表现出更多的热情。而具有较高民族自恋的实验参与者则表现出更为冷淡的态度，认为这威胁到中华文化的纯洁，并因此对美国做出排斥性反应。

那么，好莱坞是否改善了中国人对美国的看法？答案是视情况而定的：根据特定的人和特定的情况。高民族自恋者与低民族自恋者的反应是不一样的，同时背景也有很大作用，即好莱坞名人是否侵入了中国的文化空间。正如心理学家库尔特·勒温（Kurt Lewin）的著名论断，即多数人的态度和行为都是人和环境因素的产品。因此，为更好地理解中美关系，并减少中美在21世纪发生冲突的可能性，社会科学家必须了解当今中国人和美国人生活经验的复杂性。

刘霓/编译

2016年3月

百花齐放的中国智库

顾德明等

欧洲对外关系委员会（European Councilon Foreign Relations，ECFR）2016年8月发布了一份题为《百花齐放的中国智库》的分析报告，亚洲与中国项目负责人顾德明（François Godement）领衔并组织欧洲多所科研机构和智库学者对中国智库近年来的蓬勃发展做出了简要评论，报告内容编译如下。

独立性与影响力：中国智库的未来

罗马国际社会科学自由大学西尔维娅·蒙奈戈茨（Silvia Menegazzi）认为，中国政府打造具有“中国特色”智库的计划，特别是2015年1月中共中央办公厅与国务院办公厅发布的关于中国智库发展指导思想、基本原则以及基本目标的文件（《关于加强中国特色新型智库建设的意见》，以下简称《意见》），说明中国政府试图更加严格地管理这一同决策相关的机构，换句话说，智库将在未来更集中地服务于政府。《意见》也引发了知识界的诸多争论，其中讨论较多的包括公共知识分子、学者以及政策专家对政府决策进程究竟有着何种影响力。

新加坡国立大学东亚研究所郑永年教授认为，中国智库的主要问题并不在于它们比欧美智库落后，而在于中国知识界缺乏对中国政治与经济发展批判性的系统思考。知识分子与学界过于依赖西方思想，这阻碍了他们找到一条适合中国的长远道路。

蒙奈戈淶指出，对于中国知识界而言，保持中国性与发展国际影响力同样重要。一方面，国际经验能够促进智库发展并在决策进程中占据更加重要的作用；但在另一方面，同政府建立良好的关系也是智库开展活动的先决条件。《意见》中所体现的基础原则也是维持公开性和可控性之间的平衡。因此，智库究竟能在多大程度上发挥作用取决于如何掌握好这一平衡。

中国的智库外交

德国国际与亚洲研究所研究员帕斯卡尔·阿布（Pascal Abb）指出，随着中国成为国际事务的核心参与者，政府在气候变化等诸多国际议题上需要更多的智力支持。《意见》强调了外交政策智库对国家的重要性：提供对外政策建议、提升中国国际影响力与话语权。

然而在智库如何发挥作用这一问题上，人们的意见并不统一，阿布对中国学者的相关讨论进行了总结。例如，朱锋呼吁外交政策智库需要更多的独立性。他认为中国智库必须定位于独立的社会性力量，就国际议题提供不同的意见与声音，而政府则最终会从中获益。林利民和赵明昊则认为政府应该给一些精英智库更多接触决策者的特权，而且智库也需要具有政策敏感性，了解政府在哪些领域遇到困难，之后重点关注这些领域。此中分歧的本质在于到底是应该维持自上而下的决策途径，还是给予社会更大的空间。

近年来，智库深入参与到“一带一路”倡议中，政府期望它们能够提供实现该计划的方案，并与国际智库开展战略性合作。比如智库能够响应习近平“讲好中国故事”的目标，向海外听众解释中国的发展模式，推动与其他主要投资人的战略协调，为具体的项目提供建议与风险评估，并向中国政府提供全球化规则机制的动态信息。此外，智库还应该通过加强与国外机构的交流来发挥公共外交的作用。中国人民大学的王莉丽指出，中国需要更多专注于公共外交的智库，也只有它们才能同社会机构建立联系，并与海外伙伴的习惯规则相适应，因为它们受到的限制较小。

中国民间智库如何生存?

欧洲对外关系委员会亚洲与中国项目的两位研究人员安吉拉·斯坦策尔（Angela Stanzel）、阿比盖尔·瓦瑟里尔（Abigael Vasselier）在他们撰写的部分中考察了民间智库在中国的发展。他们注意到，《意见》将重心放在政府主导的大型智库上，但同时也呼吁发展民间智库；此外，中国的领导层与官方媒体对于智库发展的关注虽然带来了智库的春天，但一些智库的发展却多多少少有着赶时髦的意味。

在智库发展的春天里，发展最快的当数民间智库，也包括媒体智库。大部分媒体智库近几年才登上历史舞台，它们主要由大众传媒集团创建，比如新华通讯社建立的瞭望智库。这些机构自 2015 年建立以来已经成功利用现存的信息网络与自身所属媒体集团的品牌效应而扩大了自身的影响力。然而，尽管它们对政府决策提供了建议咨询，但仍然无法与成立已久的智库相比。而且由于大部分媒体智库并不营利，因此它们还面临着经济压力。除了缺乏资金外，这些媒体智库的境况也因政府的忽略而不容乐观。

总体而言，大量民间智库由于资金问题而导致缺少专家和资源来进行科学、客观、独立的政策研究，而一些智库则正在采用各种方式维持自己的生存。中国政府的计划推动了智库的繁荣，但它们仍然面临着世界各地的智库都会面临的挑战：资金、独立性、影响力与可见度。中国民间智库身上的枷锁，尤其是它们难以获得政府的支持，意味着这些新智库可能只是昙花一现。

在报告导言中，顾德明指出，中国政府认为智库能够起到双重作用：为政府决策提供咨询建议以及向世界展示中国的观点。就前者而言，一些人批评中国智库缺乏独立性。不过值得注意的是，当前中国还在鼓励民间智库的发展，但这些新兴的智库很难成为独立智库，它们常常只是时髦议题的追逐者。尽管存在上述批评，中国政府仍然希望智库能够充当政府与大众、国内与国际观点之间的桥梁。

韩侃瑶/编译

2016 年 6 月

谁的声音构塑了中国的全球形象

莫诗彬

墨卡托中国研究中心副研究员莫诗彬（Sabine Mokry）在 2017 年《当代中国》（*Journal of Contemporary China*）上的文章《谁的声音构塑了中国的全球形象》（Whose Voices Shape China's Global Image? Links Between Reporting Conditions and Quoted Sources in News about China）于 2017 年 3 月在互联网上做了预发表。该文通过一个有趣的视角探索了媒体报道构塑中国的全球形象的过程。该文的内容梗概编译如下。

世界对于中国本土发展和对外关系的兴趣急剧增加，随之而来的是各国派驻的记者、通讯员和媒体报道数量的大幅增长。不过，这些来自国际的报道也经常有不和谐之处。中国的民众和政府常常责备西方报道存有偏见，而国外的记者们则不时抱怨中国政府对他们的管制。研究中国的学者们和报道中国的记者们之间的关系也不融洽，并被描述为“别扭和紧张”。国际新闻报道里中国如何被表现，这一问题尚未得到充分关注，现有的研究文献不过是考察了哪些话题被报道而已，且大多数使用的是内容分析法。莫诗彬希望通过考察对华报道中的引述（quotes）来探究中国是如何被报道的，并借此分析来自哪些方面的声音对构筑中国的全球形象发挥了作用。

莫诗彬选取了英国的《经济学人》（*The Economist*），美国的《新闻周刊》（*Newsweek*），德国的《明镜周刊》（*Der Spiegel*）、《时代周报》

(*Die Zeit*)以及法国的《世界外交论衡月刊》(*Le Monde Diplomatique*)5份报刊2009年和2014年两个年份的中国报道作为考察对象。选取周刊(最后一种为月刊)是因为其刊发的文章较之日报更长，包含的背景信息更多，读者面也更广，对于中国认识的形成的影响也因此较日报更大。

总体来说，在2008年北京奥运会之前和期间，国际涉华报道数量明显增加，而之后则明显回潮。2014年是中国领导人交替的一年，也是国际涉华报道环境发生显著变化的一年。2009年的国际涉华报道关注的主要是发生在新疆的骚乱事件，而2014年反腐成为关注的重点。频率上，《经济学人》对华报道在2009年和2014年分别约为每周2篇和每周3篇；《新闻周刊》从每周1篇降为每3周1篇；两份德国周刊保持约每两周1篇；《世界外交论衡月刊》单独讨论中国的文章并不多见。

莫诗彬对上述刊物的中国报道文章首先做了文本的定量分析，她标注了每篇文章的长度、主题领域、作者信息、引述材料的数量和引述内容，并对每条引述做了分类。其次她还尽可能找到上述报刊的驻京记者，并对之进行专家访谈。

按照分类看，引述主要来自专家和政府机构，占比都将近1/4。海报、广告、著作、书面文件被引用得最少。个人和企业来源的引述占比都略高于15%。来自媒体和民间团体的引述相对较少，都约为7%。

从不同主题的报道来看，比较而言，在报道中国国内事务上，引述来源的丰富性要远超过对中国外交政策的报道，对个人、民间团体和媒体的引述发挥着重要作用，而对后者的报道，引述来源主要是政府机构和专家学者。事关国内政治的主要引述来自政府机关。事关经济事务的主要引述来自企业。事关社会问题时，主要是依赖对个人和专家的引述而非民间团体。在文化话题上，个人的引述起着重要作用。民间团体的声音只有在涉港和环境类话题上所占比重较大。

在对政府机构的引述中，52%都来自中央政府，而其他如法院、公安和军队等部门的声音极少出现，地方政府占比也不过7%。作者分析了造成这种现象的原因，她指出，尽管过去20多年里，中央政府多少放松了对境外记者的管制，但由于地方政府仍然对他们保持着高度警惕，不希望他们发出影响地方政府形象的报道，因此在地方层面，对其管控可能会更严格。与此同时，中央政府层面则致力于改善同境外媒体的关系，已经建立起来的三级（国务院、部委、省政府）新闻发言人制度也加强了政府的透明度和公关能力。这些原因使得中央政府机构被引述的比例远超其他层级政府机构。尽管如此，境外记者仍然感觉中国政府内部非常神秘，他们往往会采取其他策略来获知政府的意图，例如利用官方媒体的报道。

在对专家的引述中，引述境外专家的比例远高于引述中国本土专家，前者是后者的两倍之多。

该报告的主要发现包括：一定程度上反映了中国政府的管控与公关实践，中央政府是常被提及的政府机构，而地方政府或警察少有出现；由于中国学者越发不愿意接受采访，国外记者非常依赖在国外工作的专家；中国国内新闻报道因易于访问常为国外媒体直接引用或作为素材。

唐磊/编译

（责任编辑：高媛）

2017 年 4 月

2017 年海外对中国软实力发展的评估

乔纳森·麦考利等

近年来，在政府高度关注和大力投入下，中国的软实力得到明显增长。这一趋势被英国波特兰公关公司（Portland Communications）的全球软实力研究报告《软实力排名前 30》（The Soft Power 30：A Global Ranking of Soft Power）（以下简称“波特兰报告”）所揭示。该公司从 2015 年开始每年发布此报告，并被软实力概念提出者约瑟夫·奈称许为最好的软实力量化衡量指标。中国的位次从 2015 年的 30 名到 2016 年的 28 名再到 2017 年的 25 名，是除挪威以外上榜国家中进步最快者。

该报告由乔纳森·麦考利（Jonathan McClory）主持撰写，其排名基于主观和客观两类指标综合而成：主观指标基于国际民调，考察受访者对于参评国家包括美食、科技产品、文化、对外政策等方面的接受度，占 30% 的权重；客观指标则分为政府治理、文化因素、教育水平、公民参与程度（engagement）、数字化（主要是考察在全球互联网上的影响力和数字外交发展水平）与商业（影响力）6 项指标，占 70% 的权重。2017 年的报告显示，在这 6 项指标中，中国在文化方面表现最好，进入前三，在公民参与程度一项也进入前十，但在其他方面则没能进入前十名单。报告特别提到在政府治理一项上，中国仍有必要进一步提升，主要在外交政策和人权政策上，中国需要有更加一致和连贯的表现。

不过，该报告以较多篇幅分析了 2017 年国际局势变化尤其是美国新一届总统特朗普上任后政策转向所造成的美国国际影响力衰落，这种衰落既是美国调整自由贸易和开放市场领导者姿态及其扩张性的全球政策的自然结果，也是以中国为代表的新兴国家更加积极参与全球秩序和话语建构的结果。中国实际上取代美国成了经济开放、贸易自由乃至应对气候变化的全球引领者。报告指出，尽管中国国力的上升并非一朝一夕之事，但直到近来情势变化才给中国创造了足够的施展空间。

该报告认为，中国致力于构建其全球领导力的重要举措“一带一路”倡议在过去五年中取得了显著的成绩。亚投行（AIIB）成功地吸引了从东亚到西欧的70个国家和地区的加入，有力地反击了美国向其他国家所进行的抵制加入的游说。中国自几个世纪以来头一次像今天这样能够在地区事务上控制议程。借助其硬实力，中国也将其强调共同繁荣和地区发展的合作共赢主张变为自身软实力的重要内容。美国区域影响力的减退和纳入了软实力因素的中国新的平衡战略，将会对亚洲乃至全球的地缘政治产生变革性影响。

在论及中美两国在拉美的影响力时，该报告指出，中国在拉美诸国积极扩大其外贸和投资的同时，美国在该地区的影响也在相对减弱，后者显示出“跨太平洋伙伴关系协定”（Trans－Pacific Partnership Agreement，TPP）实际上摇摇欲坠。中美两国在这一地区影响力的此消彼长，甚至有可能引发当代版的“门罗主义”的出现。

在非洲所发生的中美影响力的相对变动也同样具有决定性影响。中非之间的贸易额在过去20年间增长了40倍。从2000年到2015年，中国进出口银行向非洲提供的贷款额度几乎是美国进出口银行同期对非贷款的40倍。此外，中国还在非洲建立了48所孔子学院，为非洲提供国际学术和国际生交流项目，并通过“中非智库论坛”促进两地决策者和政治意见领袖间的交流。不过，非洲对美国的印象仍然不坏，甚至还好于对中国的看法。可中国如果持续保持国际化视野和思维发展，而美国又持续关注自身，这种看法迟早也会发生变化。

除了2017年7月发布的“波特兰报告”外，美国“百人会”和皮尤调查中心（Pew Research Center）分别在2017年4月和6月发布的与中国软实力有关的调查也值得重视。

皮尤调查中心发布的报告，题为“全球来看，更多人视美国而非中国为世界经济领导者”（Globally, More Name U. S. Than China as World's Leading Economic Power），但该报告的副标题同样醒目：“但美国的一些重要贸易伙伴和盟友已经认为平衡发生了变化”。

该报告通过对全球 38 个国家和地区的民调数据分析，得出了一些与世界对中国印象和认知相关的结论。其中比较重要的结论包括：①在英国、德国、西班牙、俄罗斯、澳大利亚、加拿大、墨西哥和菲律宾等国，将中国视为世界头号经济大国的看法已经开始占上风；②与美国总统相比，中国最高领导人的国际知名度还较低，在各国受访民众中，将近 1/5 受访者不知道中国最高领导人是谁，而不知道特朗普的人只有 8% 左右；③总体而言，各国民众对中国抱有较好印象的较多，47% 的受访者对华友好，对华印象不佳者则占 37%；④撒哈拉以南的非洲地区对华最友好，超过七成受访者对华抱有积极印象，其他国家和地区只有俄罗斯有如此之高的比例（70%）；⑤英国、法国、西班牙等近年来对华持积极态度的人数明显上升，与此同时，中国周边国家如韩国、印度尼西亚、印度和越南等国民众对华持积极印象者近年来则明显减少。

美国百人会发布的《2017 年美中公众认知调查报告》是该组织第三次发布此报告，前两次分别在 2007 年和 2012 年。调查对象以普通成年民众为主，同时包含了商界领袖、政策专家和媒体人。美国受访者有 1019 人，中国受访者有 3696 人。该报告按照总体印象、全球领导力和影响力显示、双方利益与关切、中美地缘政治、经贸与投资、软实力要素（文化、媒体、教育）以及美国人对中国一些问题的看法（仅针对美国受访者）七个板块设计了近百个问题，根据上述问题的民调结果最终形成了该份报告。报告发现，近五年来中美两国民众共同关心的问题在增加，但是彼此信任的程度却在降低。

在某些具体问题上，两国受访者的态度值得关注。例如，在“20 年后谁将是世界经济的领导者”一题上，从普通民众到商业领袖，认为是美国的人数较之五年前有所增加，而认为是中国的在减少，说明美国人对本国经济发展的信心在上升。另外，中国文化在美国的传播仍然不够广泛，在美国的普通民众、商业领袖和政策精英群体中，都有约一半人从未看过中国的电影，同时有超过六成的受访者认为美国媒体对中国的报道不够准确。1/5 的美国受访者表示观看过中国电影后对其好感会增加，而看过展览或艺术演出后有此感受的受访者则达到 45%。这些调查数据将有助于中国更加精准地进行跨文化传播和软实力建设。

唐磊/编译

（责任编辑：张静）

2017 年 6 月

留学生是软实力资源吗?

毕安娜

2017 年第 2 期的《当代中国事务杂志》(*Journal of Current Chinese Affairs*) 刊发了丹麦奥尔堡大学中国区域研究副教授毕安娜 (Ane Bislev) 的文章《学生对学生的外交:作为软实力工具的中国留学生》(Student - to Student Diplomacy: Chinese International Students as a Soft - Power Tool)。该文对以往研究往往将中国留学生视作中国软实力工具的观点提出质疑,并认为留学生与软实力之间的联系十分复杂,海外留学的中国学生不必然构成中国的软实力资源。文章内容摘译如下。

软实力的概念化

“软实力”一词最早是由约瑟夫·奈 (Joseph Nye) 提出的。他对“软实力”的最初定义是“通过吸引而非胁迫或收买来获得想要的东西的能力”,并确定软实力的来源有文化、价值观和外交政策;之后他又将该概念阐述为“通过议程设置、说服、积极吸引等同化手段影响他人,从而得到偏好结果的能力”。

尽管“软实力”目前在学者和政策制定者中很流行,但它作为一种理论建构经常因分析含糊而受到批评。这些批评主要集中在两个问题上:一是“软实力”是否与“硬实力”有本质上的不同;二是“软实力”从概念上的“吸引”转化为现实的行为结果(具体表现为对一国的积极支持）十分困难。由此形成对“软实力”两种截然不同的理解：一种是更广义的、更传统的理解，即将“软实力”看作“吸引力”，它假定对一国的喜欢与支持之间存在直接的联系；另一种是理解在很大程度上是对前者的批判，它质疑对一国的喜欢和支持之间能否直接转化，并提出非强制性权力形式的各种替代方案。

当前大多数国家的政府都在不约而同地通过公共外交或民间外交的方式来增进与国外民众的交流，进而增强自身的软实力，中国也不例外。但由于文化差异和中国公共外交的某些特点，中国这些举措的效果常常受到质疑。有学者总结了中国公共外交面临的几种主要障碍。为消除造成障碍的可能误解，人们常常会讨论在公共外交中引入非国家行为者的作用。因此，对被视作软实力资源的留学生的关注也日益增长。

不过，已有的研究往往倾向于关注留学生态度的变化而不是价值观的变化，对软实力的理解还停留在其广义层面上。的确，无论是在西方的中国学生还是在中国的西方学生，或多或少都会享受海外留学的时光，他们留学后对东道国的态度也都有所改善。不过，这些学生价值观的变化更值得关注，那可能意味着他们对东道国的积极态度将转化为行为结果，即实现狭义的“软实力”的增长。遗憾的是，极少研究能够避免将态度改善与软实力增长混为一谈。

教育外交:作为软实力工具的留学生

接收外国学生对软实力有潜在的积极影响，与之相关的是高等教育国际化，很多相关研究都表明，高等教育国际化以及欧盟在教育外交方面的努力确实具有积极的软实力效应。事实上，欧盟的确将教育外交作为中欧民间外交的重要部分之一。但是这种效应也要考虑到留学生选择留学的目的因素。有学者研究指出，中欧学生到彼此国家留学的动机有很大的不同：西方学生到中国主要是因为对中国及其文化情有独钟，但中国学生留欧的主要原因就是想出国和旅游，而非对某个国家有特殊兴趣。

中国自身的高等教育国际化过程中所面临的体制障碍也备受学者关注，已有的研究揭示出，留学生在中国的体验之于中国软实力的影响可能与其他国家的情况有所不同，体制障碍会对软实力增长造成消极影响。如果一国能成功吸引外国学生并为他们的留学生活提供良好的氛围，国际交流项目积极的软实力效应就会得到人们认同。但要影响国际项目留学生的价值观并不容易，有学者专门指出了项目参与者价值观发生变化必须满足的三个条件，即留学时进行深入的社会互动，与项目主办方共享身份或社群认同，回国后获得有影响力的社会地位。这些约束条件也反映了留学生接收国在何种情况下能够实现软实力增长。

总的来说，讨论留学生与软实力的关系时应关注以下几点：留学生出国前的设想、留学时与当地民众现实互动的深度、回国后价值观和世界观的变化以及未来的社会地位。

出国前：设想与决策

以往的研究发现，中国学生选择的留学对象国，美国是首选，英国紧随其后，爱尔兰、澳大利亚以及日本和韩国这样发达的亚洲国家也被当作备选项，但新加坡就“太中国了”。出国留学的考虑因素会形成推力与拉力，国内机会少、教育质量低和移民前景好会推动学生选择留学，学术声誉、安全、成本和距离等因素则约束了他们的留学选择。其中，安全、教育质量和成本是主导性因素并构成决策的理性框架。但现实的决策过程并不总是基于清晰的推理。学生自身的背景、学生对东道国的印象等也构成影响因素。熟人在其他国家（比如日本、韩国）积极的经历，甚至语言障碍，也都可能改变这些学生最终的决定。例如，在作者进行的焦点小组访谈中，五名正计划出国的中国学生中就有两人将加拿大而非欧洲和美国作为目的地，原因就在于它们对移民的消极态度。显然，政府的政策话语会被这些学生内化，并影响到他们对留学目的地的选择。另一个在访谈中被频繁提及的与美国相关的话题是自由。绝大多数留美的中国学生都提到，摆脱社会和学术压力是他们想出国的主要原因。尽管他们回国后可能还要承受其他压力，但仍认为出国是值得的。

这些学生比较赞成的一点是，美国教育体系的质量更高。但能被一所美国好大学录取极其困难，而且美国大学的学费也很高。此外，留过学的亲友和熟人的具体经历也会对留学对象国的最终选择产生显著影响。

上述讨论表明，广义的“软实力”即“吸引力”对于学生在选择留学目的地的决策初期固然起到一定作用，但在实际申请的过程中，很多其他因素开始发挥影响。

留学时：社会互动与社群意识

尽管中国留学生的背景正日益多元化，但他们常被视作一个同质化的群体，而当地对这一群体的看法会对他们实际的留学体验产生很大的影响。有时，一些文化想象就可能成为课堂互动中的陷阱。比如，英国老师暗示课堂氛围沉闷的自嘲笑话会被中国学生解读为老师认为他们偷懒，而中国学生在美国课堂上礼貌性的沉默会被认为是缺乏参与而非对老师和其他同学的尊重。这些误解的根源就在于中西方对于师生角色的不同理解。此外，无论是在课堂上还是在社会交往中，语言能力在决定社会融入程度方面都起着重要作用。根据中国留学生和丹麦留学生在访谈中的反馈，他们主要是和同胞在一起时才会感到真正的放松。尽管他们中的大多数都在大学的不同场合中结识了外国人，但却发现很难驾驭围绕社会互动的各种文化规范。另外，中国留学生发现，中西方对于友谊的定义是完全不同的；在中国留学的西方学生也同样感受到，与中国学生建立亲密关系比较困难。这一方面是因为双方社交偏好存在差异；另一方面也是因为中国学生的空闲时间十分有限。

以上例子都指出了存在于中西方学生课堂内外的社交互动中的固有挑战，以及随之而来的建立一种学生整体的社群意识不总是区分“中国”学生和“西方”学生的障碍。其中，语言能力、对友谊内涵和师生角色不同的文化预期都发挥了重要影响。这说明，将留学生视为潜在的软实力资源的重要先决条件——频繁的社会互动和共享的社群意识——对于留学西方的中国学生来说其实很难具备。

回国后：态度与价值观的变化

大量研究显示，中国留学生的价值观在留学期间确实发生了变化。然而，这种变化并非意味着对东道国价值观的单向接受。相反，它是双向的：一些倒向东道国，一些变得更加稳固地认同祖国。后者是因为原本无形的文化规则——所谓的人类行为模式中的“隐性控制”——在陌生的环境中会逐渐显现，这种显现挑战了固有的信仰和文化规范，并可能使得人们有意识地对其进行维护。

在访谈中，当被问及“是否认为自己留学期间的行为代表祖国”时，正计划出国的中国学生表示从未思考过这个问题，而已经在中国留学几个月的丹麦学生则表示，他们强烈感受到自己代表着“西方”。这种发生在计划出国与正在留学的学生间的差异可能就反映了前文所提到的“隐性控制”的显现。

简言之，尽管价值观的变化和世界观的调整并不必然引发积极支持东道国的行为结果，但这至少意味着留学这件事本身影响深远，它并不仅仅引发对东道国的好感。但是，由于出国前的设想与实际的留学体验因人而异，价值观和世界观的变化程度也会因人而异。这取决于东道国师生的态度，以及学生对于自身作为本国非正式外交官的看法。

综上所述，由于对软实力概念的分析过于含糊，回答何时留学生能被视作软实力资源这一问题是很困难的。毫无疑问，留学是一段重要的具有变革意义的经历，绝大多数学生都能从中获得一些跨文化认识。但就中国留学生而言，这些不会自动促成国家软实力的增长。

唐磊　王欣仪/编译

（责任编辑：祝伟伟）

2018 年 1 月

中国新型智库的崛起与中国的国际化

简·海沃德

2018 年第 1 期《太平洋事务》(*Pacific Affairs*) 刊发了伦敦政治经济学院政府系研究员简·海沃德 (Jane Hayward) 的文章《中国新型智库的崛起与中国的国际化》(The Rise of China's New - Type Think Tanks and the Internationalization of the State)。作者认为，智库已经成为讨论中国国际化以及影响国家政策制定的重要场域。西方观察家往往将独立性视为评估中国智库的关键标准，因而忽视了这些讨论的重要性。文章内容摘译如下。

中国的新型智库

中国政府研究机构的学者擅长收集数据和起草政治演讲稿，但未接受过解释复杂问题或提出创新策略的学术训练。而且，他们提出的新思想是“烟囱式的”，向上传递给机构内部高层，而非与外部学者讨论。这种狭隘性往往会造成制度冲突——部门间的竞争是为了争夺影响力和中央财政预算，而非提出公正的政策建议。随着中国在国际事务中发挥越来越大的作用，国内和国际政策的界限愈加模糊，这就需要进行更为复杂的分析，而当前的决策咨询体制并不能满足这一要求。

基于上述背景，中国政府开始推动新型智库建设，包括官方智库、半官方智库与民间智库三类，以组成一个更富有经验的专家群体。国际社会已经意识到中国智库日益增长的重要性。《全球智库报告 2016》显示，中国有 435 家智库，智库数量世界排名第二。也正因为如此，中国的智库学者一直在努力重新评估“独立性”的含义。有学者指出，中国政治文化中的政府利益和公众利益并非对立的，不存在智库为政府而不为公众和社会服务的问题。一些智库学者也表示，学者和官员之间交流的私密性使批评得以自由进行。

中国的国际化

由此看来，在特定的国家语境下分析智库是有必要的。在当今全球一体化的背景下，学者们不再在国家边界内分析政策制定，而是研究政策是如何在民族国家间转移或扩散的。一些研究分析了国家和国际层面的各类机构如何跨越国界，形成认知社区或知识网络，影响全球政策。显然，智库在这方面是内行。这也是中国领导人将推动智库发展作为其国际战略的一部分的重要原因。

然而，跨国政策制定领域并不是中立的。在资本主义经济中，占据主导地位的政策理念往往反映了全球资本的需求。全球化初期，民族国家就世界经济的要求达成了共识，而参与是区分等级的。近几十年来，美国成功推广了一种基于新古典经济学的意识形态。在代表性不足的国家中，毕业于发达资本主义国家的大学或在国际金融机构中任职的当地官员则使这种意识形态的实践成为可能。这一致力于满足国际资本需求的跨国群体得以结盟，形成一个全球性的技术官僚阶层。他们在很大程度上追求公众影响力而非承担民主责任。

从阶层视角来看，国家的“国际化”指的是与国际资本利益相一致的阶层力量已经在国内取得了主导地位。国家调整内部结构和机构，以便更好地将全球共识转化为国家政策和实践。因此，中国的国际化与中国为适应全球资本主义经济需求而进行的制度、空间和社会结构的转型相关。这些变化受国家机构内部讨论的影响，并在国家机器外部的社会力量的联合或反对中进行。

中国政策制定的国际化与新型智库建设

通过一系列独特的、相互强化的政治和社会变革，中国的政策制定过程在改革时期已经实现了国际化。

首先，出国留学，尤其是到美国留学的中国学者急剧增多，中国政府积极鼓励其学成归国。归国学者的重要贡献之一，是将国际贸易知识从剥削概念中分离出来，从正面重新评估与全球基础意识形态相一致的经济理论。

其次，中国官方的政策话语发生了根本性变化，能与新古典主义或新自由主义的话语兼容，而后两者是全球意识形态共识的特征。

再次，中国政府重视科学技术，并试图将技术官僚纳入各级政府机构，政策制定过程中也出现了科学分析。

最后，技术官僚阶层与新兴企业家阶层形成了紧密的联盟。

目前，中国领导人正通过推动智库的发展，进入决策国际化的下一阶段。新型智库将在以下三个方面发挥重要作用：将全球意识形态共识传递到中国政策圈；使中国国内的政策制定符合全球意识形态共识的要求；调整全球意识形态共识以适应中国国情。有智库学者认为，中国政府推动新型智库建设是“希望国际社会感知到，中国是国际体系的利益攸关者，而中国新型智库希望成为当下国际金融体系改革和解决其他类型的全球治理问题的积极力量”。

围绕新型智库的政策讨论

境外智库学者指出，中国智库正在吸纳“三方精英”，包括受过海外训练的学者、具有国际人脉的企业家和技术型官僚。这些精英构成一个新兴的阶层，他们在与全球技术官僚为盟的同时对国内政策施加影响力。虽然三方利益不完全一致，但总体上是为了促进资本积累。

中国国内已经意识到这一问题，争论的焦点在于，智库将加剧还是弥合改革过程中所出现的阶层分化，即智库将与“强势利益团体”（通常是指房地产业）合作，抑或表达“弱势群体”（如农民和农民工）的利益诉求。

民间智库更容易受到资助者尤其是境外基金会和跨国公司的影响。相关讨论大致可分为两个阵营。第一阵营的人将美国智库体系视为典范，主张培育捐赠文化。第二阵营的人批评美国的智库体系，对“思想自由市场”持质疑态度。有文章指出，企业利益正通过资助智库来施加对政府决策的影响。中国的智库体系应该包含在国家机构中，以防止出现偏向任何特定利益集团的权力失衡。

综上所述，作者将国际化视作中国为融入全球资本体系而对国家机构和社会结构所进行的重组。其中，中国的政策制定界正向与全球资本利益相一致的强大的跨国阶层靠拢。智库与该过程密切相关，参与塑造中国国内资产阶层的变化。这是政策制定者关注和讨论智库，尤其是非政府的、私人资助的“民间”智库的原因之一。

在这一政治语境下，还有许多问题值得进一步研究：增加政策制定领域的商业资金投入会产生怎样的社会影响？企业游说文化是否正在中国培植？在政府监督下建立的智库体系，能否成功地控制既得利益？在一个很大程度上内嵌于国家机器的智库体系内部，政治辩论展开的可能性有多大？抑或，最好将该体系视作一种有利于维稳的社会和政治监督形式？

王欣仪/编译

（责任编辑：祝伟伟）

2018 年 3 月

中国的软实力战略

佐山修

日本拓殖大学海外事务研究中心的《海外事务》刊物，在2018年第1期上刊登了日本法务省事务官佐山修的文章。文章指出，面对长期以来由“美国价值观”主导的既有国际规则，中国更加注重从当代马克思主义和传统儒学中提炼其独特的“中国价值观”，在提升对软实力的“外部正面评价”的同时，充分利用其“内部整合”机能，通过增强华人华侨的自尊心、弘扬民族主义精神、强化政府对内的管理，进而提升其内部凝聚力。这种“中国特色”的做法引起了海外观察家的注意。主要内容摘译如下。

中国的“软实力”定义及其认识演进

“软实力”概念起源于西方。软实力的大小取决于可支配的软实力资源的多少，长期以来国际政治中“美国价值观”的影响力都充分说明了，软实力较之于经济、军事等，更能低成本、低风险、高效率地维持一国的综合竞争力。在中国，第一次将“软实力”概念正式引入的是现中共中央政治局常委王沪宁，1993年第3期的《复旦学报》上刊载了由他撰写的《作为国家实力的文化：软权力》一文，首次系统介绍了该理论。20世纪90年代开始，国际上开始出现“中国威胁论”的声音，为了应对这种状况，尤其是抵制“美国价值观”的渗透和影响，此后的20多年中，中国一直致力于将现代的马克思主义与传统的儒家文化相融合，发展出一种中国式的价值观，即“社会主义核心价值观”。其间，执政党对“软实力”的认识亦经历了一个演进过程。

2002 年的十六大报告将软实力的重要组成部分——“文化”作为一项课题提出，2007 年的十七大报告明确提出要“提高国家文化软实力”。2012 年召开的十八大赋予“社会主义核心价值观”12 个词语、24 个字，2013 年 12 月 23 日中央办公厅下发了《关于培育和践行社会主义核心价值观的意见》，从国家、社会和个人三个层面对核心价值观进行了分类。新一代领导人习近平尤为注重“国际话语权”和“向世界传播中国声音”的能力，2016 年 2 月在视察人民日报社、新华社和中央电视台之际，在与中央电视台北美分台连线时明确提出了向世界读者“客观、真实、全面介绍中国经济社会发展情况”的要求。从 2014 年开始，中国学者关于软实力的相关著述就通过网络被大量刊载和介绍：有的指出正是“一人一票”导致了泰国 2014 年大选后政局的混乱不堪，“西式民主带不来大多数人的幸福”；有的提出国际金融危机以来资本主义正陷入系统性危机，西方“重新发现了马克思”，故应深化对马克思主义的研究；还有的指出美国所谓的“软实力”建构的目的是使世界文化向着“同质性”方向发展，中国应充分发挥马克思主义国家的特性，将文化作为软实力建构的根本；等等。这些可视为中国针对一直由西方主导的“软实力”概念发起挑战的理论准备。

一直以来，中国致力于给国际社会树立和平发展的负责任大国形象，但与西方国家更加重视软实力的对外影响相比，中国软实力的建构更注重强化包括华人华侨在内的中华民族的向心力等方面。正如中国文化软实力研究中心主任张国祚在《人民日报》撰文所指出的，中国对西方的软实力进行了实质性改造和创新，改变了软实力的宗旨，“美国把软实力作为推行霸权主义和强权政治的一个重要手段”，中国则将其“作为增强综合国力和国际影响力的重要途径”，“对内增强全党、全军、全国人民的凝聚力”。可以看出，中国正在通过软实力战略一方面不断加强内部治理；另一方面抵制西方价值观及其体制的渗透。中国语境下的“软实力”建构是以习近平所说的走出百年屈辱、实现中华民族伟大复兴的“中国梦”为基调的，是向包括华人华侨在内的全体中华民族的号召，是以身为中华民族一分子的自豪感为组成部分的重大战略。

中国软实力战略的策略与特点

第一，不断增加的孔子学院。截至2017年年底，全球146个国家和地区已设立了525所孔子学院、1113个孔子课堂。与英国文化协会、德国歌德学院及法国的法语联盟类似，孔子学院致力于向国际社会推广当代中国及其历史文化，被视为中国软实力战略的重要工具。据英国《经济学人》杂志的报道，中国政府通过汉办向孔子学院派遣教员，支持学院组织实施文化活动等，拨款金额不断增加，2013年已达2.78亿美元，是2006年的六倍之多。在中国政府的巨额补助下，孔子学院及其学生的负担被大大减轻，在非洲、中南美及东南亚一些地方，参加孔子学院的课程能为入职当地中企加分。此外，孔子学院还可以为那些希望与中国建立商贸关系，以及赴中国本土学习研究的人们提供帮助。

第二，以提升国际话语权为宗旨的公共外交。在中国软实力战略中，公共外交的对象主要是两类人，一类是作为中国海外贸易重要市场的美国民众，另一类是东南亚诸国及数量众多的海外华侨。2011年国侨办开始着手“华侨公共外交”，利用广播、电视、刊物、网络等增强华侨在所在国经济、社会和政治体制中的存在感与影响力，尤其是寄望于增强华侨在有关台湾问题、日本历史认识等重大问题上的关注度，增强共鸣。这一做法被美国学者本尼迪克·安德森称为“远距离民族主义”，他认为那些远离故国的移民更容易对母国产生强烈的爱国心和心理连带感，特别是其中的第一代。日本学者远藤誉也指出，日益强大和繁荣的祖国可谓全体海外华侨自尊心与自信心的“原动力”，中国政府正在活用美国的“旋转门”制度，帮助华人华侨在媒体、学界、智库及联邦议会中广泛发声，进而影响公共舆论与美国的对华决策。

第三，以“负责任大国”为目标的媒体宣传。借助媒体力量在国际社会中塑造一个负责任大国的形象是中国软实力战略的重要方面。中央电视台在华盛顿和肯尼亚内罗毕分别设立了北美和非洲分台，将美国与非洲当作对外宣传的重点。为了强化宣传效果并提高在当地的接受度，北美分台还大量雇用美国本土职员。此外，创办于1941年的中国国际广播电台目前使用65种语言全天候向世界160余个国家和地区进行广播。相关统计显示，中国对外宣传的年支出已达100亿美元。

美国皮尤中心2013年7月发表一项报告指出，对中国最有好感的国家中马来西亚和巴基斯坦并列第一，紧接着是非洲的肯尼亚、塞内加尔和尼日利亚，中东地区和西欧诸国的好感度则相对较低。此外，中国的科技实力在非洲和中南美洲最有影响力。2014年BBC一项舆论调查显示，对中国最有好感的是非洲，其次为中南美洲，北美地区和欧洲诸国偏低。2015年在英国波特兰公司（Portland）发表的针对30个国家的软实力调查报告中，中国文化、国家参与度指标都进入了前十名，但软实力总排名仍处下游。如前所述，不管是对软实力的定义和认识上，还是建构的资源与路径上，中国已然走上了一条与西方传统不同的道路，所有文化语言、公共外交等具体策略背后是作为“软实力”基础和源泉的价值观所展现的独特性，如何更好地理解和把握值得进一步关注。

袁静/编译

2018年3月

三

中国对外政策及各国对华关系

非洲人在中国：问题、研究与评论

博艾敦 等

《泛非研究杂志》（*The Journal of Pan African Studies*）2015年5月以"在华非洲人：广州及以外——问题与评论"为主题出版特刊，共刊载6篇论文，从历史、社会、文化、语言以及非中关系等视角讨论了在华非洲移民的诸多问题，如非洲人如何受到所在国的影响？而他们反过来又对当地产生了哪些影响？他们在中国的存在如何影响着非中之间的贸易，以及如何推动他们自己祖国的经济发展？这一新的正在发展中的非洲人口的迁移是否有别于以前的非洲人口流散？有关这一问题研究的理论和方法论与移民研究的理论有何关系？等等。特刊客座主编博艾敦（Adams Bodomo）教授指出，进入新千年以来，非中关系逐渐成为人文和社会科学诸学科的重要研究论题，其中一个主要方面即非洲和中国之间的移民问题。鉴于目前研究中的缺憾，有必要对在华非洲人开展深入的实地研究而非蜻蜓点水式的报道，以便形成更加深入的认识。

非洲贸易商对中非商贸发展的贡献

加拿大阿尔伯塔大学中国研究所研究员达乌达·西塞（Daouda Cissé）撰写的《义乌的非洲贸易商：他们的贸易网络及其对"中国制造"产品在非洲分销中的作用》是特刊发表的文章之一。作者认为，受到贸易和投资的驱动，非中关系发展已经不限于国家之间的宏观层面，非中贸易在过去几年取得显著增长，其中来自非洲和中国的贸易商的作用不可小觑，需要给予格外关注。

作者于2012年6—7月在义乌开展了实地调查，调查显示，义乌的非洲贸易商大致分为企业家、贸易代理商和临时性游商三类。企业家拥有成熟的商业企业，由于意识到义乌的发展和变化，他们开始注册贸易公司，并充分利用义乌市场的集合效应。除了企业家外，非洲贸易代理商的人数也越来越多，他们持有短期的商务或旅游签证，在中国的厂家、批发商和非洲贸易商之间从事中介和促销工作。除了上述两类人之外，还有越来越多的非洲人出于商业目的定期前往中国，他们得到贸易代理商的协助，购买中国商品并在非洲市场进行销售。

非洲贸易网络的传统形式是家族型的，与不同地区商人之间建立了长期的商贸关系。鉴于非洲经济贸易环境的特点，几乎所有这些交易都是非正式的，因此在许多情况下，信任是双方联系的唯一基础。在中国各城市的市场中，情况也颇为类似。不过近年来，非洲贸易商的网络有所变化，越来越多地由商业所驱动，新一代的非洲企业家呈现出商业全球主义者的特色，他们在国家、地区和泛非组织的基础上创建工商网络，出生国、宗教和种族等因素已经退到次要地位。

不管是往来穿梭还是常驻义乌，非洲贸易商通过跨国的贸易网络，将中国制造的消费品分销至非洲大陆的各个市场。随着中国产品的涌入，许多非洲年轻人获得了供养自己和家人的商业机会。除此之外，一些非洲贸易商还在自己家乡开设了商店，这些商店兼做批发和零售，产品类型则扩展至家用电器、家具和建筑材料等，为具有不同消费能力的客户服务。

立足于中国，非洲贸易商与全世界的商人发展了商业联系，由此为中国产品分销至非洲以及其他市场做出了贡献，为中国对非出口以及打造非中关系的商业环境发挥了重要作用。

在华非洲人的数量

过去十年，针对在华非洲人进行了很多研究，发表的论文也达数十篇之多，在非中关系研究中已经成为一个重要的研究领域，然而，迄今一直未能弄清楚的一个问题是，到底有多少非洲人居住或频繁来往于中非之间？维也纳大学全球非洲散居人口研究（GADS）论坛主任、非洲语言与文学教授博艾敦（Adams Bodomo）在特刊中发表的论文正是有关这一问题的讨论。

作者指出，如下几个原因使解答这一问题颇为困难。首先，在中国开展研究面临的困难之一便是不能获得有关外国居住者以及在边境检查站出入境的人数统计。因为不管是在中央还是在各省，中国都没有移民管理的核心部门。其次，与研究方法有关。许多从事在华非洲人研究的学者（以社会学家、人类学家和新闻工作者为主）采用的研究方法主要是定性方法，忽视甚至鄙弃定量的方法。不管是新闻调查的蜻蜓点水，还是社会学和人类学的参与式观察，都回避了大范围的人员采访。这种没有实证基础的研究很难对在华非洲人的数量问题给出令人满意的答案。最后，涉及语言学的问题，即如何准确理解“在华非洲人”（Africans in China）这一用语本身。这一指称中的每个词都有不同的限定方式，根据研究者理解和解释的不同，研究对象也会有所不同。

针对上述难题，作者及其研究团队在中国大陆的主要城市以及香港和澳门开展了5年的实地调查，并在2012年对700—1000名居住在主要城市的非洲人进行了定性、定量和实证调查，在此基础上，作者对在华非洲人社群的轮廓进行了大致描述。

研究团队获得的736份有效答卷显示，调查所涉及的在华非洲人中80%是男性；在教育方面，93%的人至少完成了中等教育，288人已经完成了大学/学院的课程，139人为研究生毕业；多数人（60%）确认自己为经商者或从事贸易工作，第二大群体是学生（20%以上）；在年龄方面，25—34岁的人占据大多数，达60%以上，显示这是一个相对年轻的群体，处于经济上最具生产力的年龄段；至于他们来自哪些国家，统计显示尼日利亚、加纳、马里、几内亚等国排在前几位。

基于上述调查，作者得出的结论是，在任意12个月的时间段内，中国居住有40万—50万非洲人，其中至少30万—40万名贸易商，3万—4万名学生，4000—5000名专业人员，1万—10万名旅游者以及1万—2万名游商。

尽管研究主要与人数相关，但是作者认为，这里面涉及的问题对于人文和社会科学的研究方法论具有很深的含义。在21世纪，随着移民和散居人口问题变得更为复杂化，采取定性和定量兼顾的方法更为合理。同时，从跨学科角度而言，有关流散人口的研究涉及若干不同的学术领域，因此多种方法的结合可以形成更为深入的认识。

作者认为，为获得可靠的统计数字，学术界和政府官员在未来需要更紧密地合作。因为非中关系研究领域中政策的制定在很大程度上有赖于对在华非洲人以及在非华人的数量的确定。

刘霓/编译

2016年1月

中国对阿拉伯国家的经济外交

孙德刚　叶海亚·祖必

法国马赛商学院地缘政治研究中心主任叶海亚·祖必（Yahia H. Zoubir）与上海外国语大学中东研究所国际关系教授孙德刚撰写了题为《中国对阿拉伯国家经济外交：前路荆棘?》（China's Economic Diplomacy towards the Arab Countries：Challenges ahead?）的论文，并发表在《当代中国》2015 年第 95 期上。

文章指出，随着贸易交流的扩大，中国对阿拉伯国家的经济外交日趋活跃。不同于美国在该地区所追求的地缘政治利益，中国的政策倾向更加实用主义、战术化、短时化。自阿拉伯世界陷入动荡后，中国的经济外交寻求的是能源安全、投资与贸易的利益。中国通过经济与政治两条路径来达成这一目标。与此同时，中国政府尽力避免中东与北非地区的骚乱对其经济利益造成政治副作用。中国的经济外交专注于同海湾合作委员会间的经济伙伴关系，并寻求同主要非洲阿拉伯国家的经济战略联盟。

到底何为“经济外交”

关于“经济外交”，目前出现的相关定义大致可划分为两种类型。第一种类型的定义可以用“以商言商”来概括。这类学者认为，经济外交是一国政府用以实现其国家利益的所有经济手段，这些手段包括但不限于出口、进口、投资、借贷与发展援助。而且，经济外交涉及多方参与者，不仅取决于主权国家，还取决于国际货币基金组织（IMF）、世界银行（WB）等多边经济机构。商业与贸易活动既是经济外交的手段，也是其目的。第二种类型的定义则认为经济外交的目的在于通过经济手段达成政治目标，包括经济援助等积极的手段（贸易特许权、拨款、低息贷款与海外基础设施捐献项目）与经济制裁等消极手段（贸易禁运、封锁与进口份额缩减等）。

作者认为，所谓经济外交，其本质是“为取得经济目的而采取的政治手段”，主权国家运用政治杠杆来推动经济、贸易与金融合作。政府建立各种类型的经济合作论坛，组织首脑峰会，并建立战略伙伴关系，为商务合作创造更好的条件。因此，政治杠杆是手段，而经济合作则是经济外交的目的。

中国的经济外交有三大主要特点：一是在不干涉目标国家内政的基础上，与其展开经济与贸易活动；二是依靠政治与外交手段来推动中国在海外的经济扩展；三是运用经济杠杆（包括发展援助）来促使目标国家加强同中国的经济联系。进入21世纪后，中国在中东和北非地区的外交政策主要受到能源需求、海外市场扩张、投资机遇提升的意愿驱动。

地缘经济动因与驱动因素

主权国家的战略文化各有千秋，但大致可被划分为两大类型，即地缘政治驱动与地缘经济驱动。第一种类型的主权国家以美国、英国、法国和俄罗斯等国为代表，决策者将军事实力视为国家实力的核心，政府的主要任务是应对区域安全挑战，但也没有忽略其经济利益。这类国家倾向于强调海外军事力量建设的重要性，并注重扩大其政治影响力的范围，以挫败对其霸权潜在的威胁。第二种类型的国家以中国、印度、巴西和韩国为代表，决策者认为经济实力才是国家力量的核心，并主张政府的首要任务是促进国家经济发展。这些国家不太关心区域军事实力的平衡，也不热衷于推动民主进程、区域冲突解决、海外军事发展或扩大其政治影响力，其首要议程是满足国内需求，加强海外经贸合作，以改善民众的经济福利。

全盘地看，中国的经济外交并没有统一的形式。在亚太地区，北京非常看重经济与安全利益；在非洲与拉丁美洲、中亚与阿拉伯国家，中国则主要关注其经济利益，安全利益则相对次要，甚至被最小化。

中国对阿拉伯国家的经济外交更多受商业利益的推动。中国政府对阿拉伯世界持续发酵的动乱采取了实用主义立场，即寻求经济利益的最大化，并最小化政治风险。利用中国国家开发银行与进出口银行，中国已成为中东及北非国家低息发展贷款的主要提供者。

中国对阿拉伯地区实行经济外交的因素主要有三个方面。首先，出于中国自身国情考虑。自2000年起，中国经济外交的目标国从拥有大量资金、技术和管理知识的发达国家渐渐转向了资源丰富、市场广大的发展中国家，其中就包括阿拉伯国家。

其次，中阿关系的进一步巩固。自阿拉伯世界陷入动荡后，中国意识到阿拉伯国家的国情和政策倾向与自身相去甚远。在中国的最高领导层看来，二者最显著的共同点就是双赢的双边经济合作。近些年来，不少阿拉伯政府都坚持经济上“向东看”的战略，十分看重同诸如中国、印度这样的新兴国家发展战略经济关系。

最后，最高领导层对于新纪元大国间对抗关系的看法。人们相信，在即将到来的下一个十年，大国间的对抗主要是经济竞争，即一国综合国力的核心。中国政府认为，对阿拉伯国家的经济外交不仅能够与阿拉伯世界建立更好的政治联系，还能加强中国在该区域的经济影响力与软实力存在，而这一种存在迟早都会转化为超越西方强国的政治优势。长远来看，中国的经济外交将产出战略成果，有助于实现“中国—中亚—中东走廊”的物流与能源大战略。

主要方式、渠道及参与者

中国政府主要通过三种方式来推行对阿经济外交。首先，中国通过建立“中阿国家合作论坛”等新机制来推动中阿经济发展。该论坛目前是推动部长级双边关系最重要的机制。在中阿国家合作论坛的框架下，中国与阿拉伯国家又建立了许多子论坛，如中阿文明对话论坛、中阿友好大会等。中国同除索马里之外的所有阿拉伯国家签订了政府、经济、贸易与技术合作协议，包括同16个阿拉伯国家签订了投资保护协议，同11个国家签订了避免双重征税协议。此外，通过中国投资责任有限公司与中国华安投资有限公司的两大主权财富基金，不断扩大对阿拉伯世界的投资。

其次，中国领导人通过高层交流互访，对主要阿拉伯国家开展经济外交。在海湾地区，中国将沙特阿拉伯、卡塔尔与阿联酋视作其经济外交的核心，主要集中于资源丰富、政治稳定的阿拉伯国家。

最后，中国通过援助计划提升其“负责任的大国”与“可靠的兄弟”形象。中国对阿援助的形式多样，包括经济援助、培训项目与招收阿拉伯学生。仅2012年一年，就有超过1000名来自阿拉伯国家的专业人员在华接受了职业培训，约有8000名阿拉伯留学生在华学习。

中国对阿拉伯国家的经济外交主要通过两条渠道实现，其一是跨部门的合作；其二是中央与地方政府之间的协调。此外，中国的石油公司，比如中石油与中石化，在中国对阿拉伯国家经济外交中起到了重要的游说作用。但是，中国对这些国家的经济外交不是一个完全集中的战略，国内各参与者之间不仅存在合作，也存在为了各自利益竞争的情况。

海外经济交往除了涉及外交部、商务部与工业部等部委以外，还涉及一系列的国内参与主体，如国家的事业单位、工业协会与商会、金融部门、商学院与智库、旅游行业等，这些参与主体既是利益攸关者，也是主导者。中国的经济外交正是通过这些不同的部委与管理部门之间的紧密合作来实施的。其中，外交部承担了实施经济外交的主要责任，它在商务部、科学与技术部与其他众多机构间发挥着协调的中枢作用。此外，中联部也是重要参与者。通过经济联系，中联部充当起联络阿拉伯执政党与中国执政党的桥梁，并利用党内交流平台协助省级政府与地方政府同阿拉伯伙伴的合作。

中国对阿拉伯国家经济外交面临的挑战

中国对阿经济外交已取得了初步成功，中国与阿拉伯国家的贸易总量急剧增长，2013 年猛增至 2388 亿美元。不过，经济外交也面临着多重挑战，中阿战略关系也未能达到预期。

第一，中国的经济外交并不能有效应对阿拉伯国家日益多元的利益诉求与政治倾向。中阿国家合作论坛的象征意义大过实质意义，制度化程度尚低，论坛仅在部级而非国家首脑层面举行。协调 22 个阿拉伯国家的困难、各国根深蒂固的国内政治，以及在一对一面对中国时国家利益的差异，都导致了阿拉伯世界难以形成一个统一的对华政策。而阿拉伯动荡也进一步暴露了中国经济外交的脆弱性，迄今为止，利比亚局势导致中国仍未能恢复在该地区的商业利益。

第二，阿拉伯国家还不是中国外交政策的优先项。中国外交政策有四个环节，大国关系是关键，周边国家关系是主要，发展中国家是根本，多边组织必不可少。阿拉伯国家不是中国的优先选项。与此同时，许多阿拉伯国家都将其与美国及欧洲国家的战略关系放在首要位置，中阿的双向投资额并未达到潜在高点，中国的经济外交也并没有在政治与军事领域引导中阿关系走向整体战略水平。

第三，中国明显忽视了文化交流，这也会阻碍其经济外交。很长一段时期以来，中国的外交部、驻外使馆以及领事馆都将经济与商业合作放在了其工作的首位，尽管新华社于 2013 年在多个阿拉伯国家建立了分社，但其仍然难以与西方同行竞争。中国与阿拉伯国家间的学术交流、青年与媒体交流以及智库交流远远不足。

杨莉/编译

2016 年 3 月

中国的伙伴关系外交：利益与意识形态间的考量

格奥尔格·斯特吕弗

德国全球与区域研究所（GIGA）在网站上发表了工作论文《在利益与意识形态间游走的国际结盟：以中国的伙伴关系外交为例》（International Alignment between Interestsand Ideology：The Case of China's Partnership Diplomacy）。该文的作者为格奥尔格·斯特吕弗（Georg Strüver），是GIGA“权力与观点”项目组的研究员。该文主要考察了双边关系中两国结盟的决定性因素。鉴于过去几年中，战略伙伴关系取代“冷战”中盛行的盟国关系，占据了许多国家外交策略的中心地位，作者以学术眼光审视了同盟形成与当前存在的国际合作关系，在此基础上得出了关于伙伴选择的两大推论：受利益驱动和因意识形态的相似而结盟。不过，作者在文中强调，在中国的伙伴关系中，伙伴的选择更少受到共同的意识形态驱动，实际上，双边伙伴关系有助于弥合意识形态的差距，也有助于伙伴国家追求经济效益与外交优先事项。

战略伙伴关系直到最近几年才进入更广泛的国际关系讨论中。“伙伴关系”描述了一种“将避免所有偶发事件都考虑在内的外交手段，该手段还顾及了双方对共同利益的诉求”。为达成这一目标，伙伴关系往往比普通“具体”的双边关系承担更紧密的联系，并遵循“目标驱动”的基本原理。这与“威胁驱动”的联盟形式，如军事联盟形成了鲜明对比。

战略伙伴关系及其特点

在对伙伴关系的定义上，斯特吕弗借鉴了帕拉梅瓦朗（Parameswaran）与威尔金斯（T. S. Wilkins）的研究成果，即伙伴关系是两国或多国间合作的结构性框架，其组织形式松散且不具备约束性，其目的在于使涉及国家能够在不同问题领域追求共同利益，并共同应对挑战，以促进未来的进一步合作。这一定义突出了战略伙伴关系的四大特点。

第一，也是最重要的特点，伙伴关系是国与国合作的结构性框架，超越了一般外交往来，并给参与国的政府部门与机构提供了定期交流的机会。各国的伙伴关系大有不同，一般在其联合声明中会详细列出合作的领域、涉及的机构以及推动合作的具体机制。以中国的伙伴关系协议为例，通常会涉及开放辅助渠道以促进政府间交流、官方访问常态化，尤其是军方交流与政府首脑的定期峰会。

第二，伙伴关系的另一大特点为高度灵活性。伙伴关系缺乏约束性承诺，制度化程度低，这一关系的代价也相对较低，在本质上其象征意义大于实质意义。因此，国家寻求伙伴关系而非签订条约的联盟关系，不仅是为了避免自治权的丧失，也为了避免激怒联盟针对的目标国家或是被排除在联盟之外的国家。

第三，战略伙伴关系受“目标驱动”而非“威胁驱动”，这一点可以被视为参与国追求共有利益与共同目标、搁置冲突问题的意愿展示。事实上，中国对因国家利益、政治意识形态背离而产生的潜在冲突是有所预期的。一般而言，伙伴关系框架首先包含的是非军事因素，比如加强人与人之间的接触，商业、经济、文化与科学合作等，其次包含安全合作，但后者不是必需的。

第四，与签署协议的联盟相比，伙伴关系展示的是一种强烈的行为倾向，且以过程为导向，通常代表了一种合作的手段，“为追求合作而结盟，并以合作为目的”。伙伴关系关键在于它能够降低国际环境与参与国存在的不确定性。伙伴关系创造了一种“经验上的期望值”，即在国际体系中，期望从他国获得多大程度的合作，通过反复交流加强并深化国与国之间的信任，便有可能降低不确定性，从而推进未来的合作。因此，建立并维持关系的存在是首位的，而非基于切实的合作结果，更非基于规则的合作本身。

伙伴关系框架下的结盟决定性因素

对于包括中国在内的许多国家而言，战略伙伴关系的重要性体现在它是组织国家外部关系的一种外交手段。尽管有关伙伴关系的决定因素的比较材料并不算多，但可资参考的现有的论述国际合作与建立同盟的著述并不在少数。在此基础上，斯特吕弗将相关论述归纳为两大类，以探讨伙伴关系的形成与伙伴的选择问题。

首先，鉴于伙伴关系建立的基础是一系列的共同目标，因此可以推测伙伴的选择是基于各自利益的，即各国自身的需求。根据这一观点可以推测出，从中国在外部关系中的核心利益能够很好地预测出中国的伙伴选择，比如确保能源与商品供给、为中国的商品出口与投资寻找海外市场，再比如投射负责任的和平大国形象。自 20 世纪 90 年代中期以来，新能源外交是中国在全球数个地区关系的主要驱动因素。由此可见，经济利益应该是中国结盟选择的最重要的驱动因素之一。

其次，国内及国际意识形态，即被广泛理解为“规范价值与相对持久的信仰”也是国际联盟的基础之一。国与国依靠价值观、意识形态的相似辨识出彼此，共容相处。这一观点在解释伙伴的选择上，主要基于两大论述，一是与一国的国内制度相关；二是与国家共同的思想遗产与国际秩序的愿景相关。前者假定民主国家是更具吸引力的国际合作伙伴，因为这些国家有公共责任，其决策灵活性有限，透明度高，通常被认为更值得信赖、更可靠。也有学者因此认为拥有相同政体的国家更有可能结盟。越来越多的证据表明，中国更倾向于同民主国家建立伙伴关系。后者则假定，伙伴关系在理论上应该处于“身份认同的联盟”这一范围内。因此，中国应当受拥有相似思想遗产的国家所吸引，尤其是后社会主义国家阵营中的国家。相似思想遗产在本文中主要指的是对全球政治的共识（这也是全球秩序建立的基础），这是由战略伙伴关系主要涉及的是经济与外交利益，而非“冷战”时期的安全问题所决定的。

结 论

战略伙伴关系作为一个可行的替代选择在后“冷战”时代出现，为国家组织双边关系、追求共同的经济及外交利益，寻求一定的国际地位提供了灵活且实用的外交政策手段。实证研究结果表明，就中国而言，对伙伴关系的最佳描述应该是“受利益驱动的联盟”。伙伴关系的基本原理似乎在于经济及某种程度上的外交能力的整合，中国寻求与拥有强大经济与战略实力的国家合作，且这些国家不局限于其区域内。是否结成联盟的决定性经济因素是伙伴国家提供市场与自然资源的能力。在全球政治层面，拥有不同（强大的）伙伴国的好处主要来自这些伙伴国在国际谈判中能在多大程度上有助于加强中国的谈判能力，这些伙伴国主要指的是发展中国家。研究数据也表明，伙伴关系松散又灵活的形式有助于推动拥有不同政治意识形态国家间的合作。事实上，意识形态的一致性，难以解释战略伙伴关系中伙伴国的选择。

总之，在国际事务中，中国政府通过建立伙伴关系，加强了与区域内重要国家、拥有大量自然资源的国家、有吸引力的市场及大的制造国、意识形态类似的国家间的联系。尽管结果表明，国内意识形态的类同并不能左右联盟的形成，但实证结果也同样证明了国际合作理论的假设之一，即民主制度在国际联盟形成上起着积极作用。

杨莉/编译

2016 年 4 月

民众态度如何影响对华政策？美英两国的比较

托马斯·斯克托　杰森·雷夫勒

英国埃塞克斯大学和艾克塞特大学的两位研究者托马斯·斯克托（Thomas J. Scotto）和杰森·雷夫勒（Jason Reifler）最近发表了一篇有关美英两国民众对华态度之于该国对华政策影响的比较研究文章（Getting Toughwith the Dragon? The Comparative Correlates of Foreign Policy Attitudes towards China in the United States and UK），通过实证分析，文章指出，美英两国民众对武力使用和全球化问题的看法会影响经济和军事上的对华政策，使其趋于收紧，但这种影响具体表现在两个国家则有不同。文章摘编如下。

过去几十年里，政治学研究者们找到了许多证据来说明不少国家的民众有着清晰的对外交政策的态度（attitudes），同时发现，这些态度也会随着国际国内情势变化以某些合情合理的方式发生改变。我们在本文中，考察这些结构化的、抽象的关于外交政策的信念（beliefs）或者说心态（postures）如何有助于解释美国和英国对华政策的取向。中国事务之于美国和英国的重要地位显然不同。在美国，与中国有关的经贸竞赛和军事冲突隐忧时常见诸报端，而在英国，对中国的报道较美国要少，关于中国的此类报道则更少，但英国民众对外交政策的态度与该国对华政策的取向仍有明显关联。

美英两国的对华舆论

美国历来重视就国内民众对华态度展开民调。美国人对华态度总体倾向随时代也在发生变化：20 世纪 50—60 年代视中国为威胁，到了 20 世纪 70 年代态度变得较为温和。在这一趋势变化过程中，也出现过重要的变动，比如杜鲁门政府时期，共和党人对美国对华政策就表示不满，把中国（以及朝鲜）倒向共产主义归咎于民主党总统。

美国公众舆论在外交政策制定过程中发挥着重要作用。20 世纪 50 年代艾森豪威尔和肯尼迪都因为担心公众舆论而收紧了对华进行接触的政策空间。学者们还发现，在“冷战”较为缓和的时期，民众也愿意接受更加灵活和积极接触的对华政策。在尼克松和卡特的努力下，两国关系以及美国人对中国的认识都发生了向好的转变。霍尔斯蒂在《民意与美国对外政策》（2004）一书中指出，美国公众对中国及华盛顿对华政策的反应可分为“事件驱动”和“理性”两类。当牵扯中国“威胁”美国利益时，民众态度会变冷，而政治精英们希望与中国增进往来时，民众态度会转为温和。

2000 年之前，美国人中压倒性的态度是保持与中国的外交关系，并认为与中国发展关系对美而言有重大利益。经济方面，尽管美国民众认为中美间贸易存在不平等，但中国能提供廉价的进口商品。支持限制中国军力的美国人占微弱多数，但支持台海发生重大冲突时美国地面部队干预其中者很少。

相关的英国民调研究较少，此类问题也很少成为媒体关注的议题，而且研究发现英国民意对涉华政策影响较美国小。但英国的精英们认为，中国崛起为一股变革性的力量，将在未来几十年中对英国产生影响。有人预测，如果从中国涌入欧洲的商品从低端产品变为可媲美欧洲本土生产的高质产品，欧洲人对中国的态度可能会更有敌意。

在欧洲决策者那里，关于对华武器禁运的讨论要比在美国更加开放，欧洲也不像美国那般将中国崛起视为一个紧迫的威胁。但每当贸易战升级、所谓中国人权问题吸引欧洲的行动主义者们关注，换句话说，当精英们对中国抱以更多关注时，上述情况就会发生变化。总体而言，英国人在政府对华政策方面的态度相对散乱，民意对决策的影响力也弱。

研究方法与设定

大量研究表明美国人对外交政策的态度存在清晰的多维结构。其中一个核心问题是，人们对如何运用军事实力（军事主义）的态度与对如何使用诸如对外援助（国际主义）的态度两不相干。英国的情况也大抵如此。

我们以孤立主义、军事主义和爱国主义（或者说民族优越感）三类态度来划归变量，同时考虑经济评估和党派认同的影响，来建立一套层级的评估模型。基于前面三类态度，作者提出如下三条假设。

假设1：孤立主义不主张在国界以外陷入不必要的纠缠。因此，如果美英两国受访民众表现出较强的孤立主义态度，相应的，人们希望政府对华在军事和经济上采取强硬政策的倾向会减弱——这里明显存在某种共变关系。

假设2：人们在军事主义维度上的立场与他们希望政府对华军事上强硬的倾向有更紧密的联系，而与他们倾向经济上的收紧政策关系不大。

假设3：支持全球化的人明显不希望对华采取收紧的经济政策，但这种关联性在支持全球化和支持对华采取强硬军事政策之间显得相对不明显。

考虑党派属性、对经济的看法以及民族优越感这些附加变量，作者提出了如下的假设。

假设4：在美国，长期从属于某一政党所形成的党派认同对党派成员在对华政策的松紧取向上有明显影响——民主党人偏于宽柔而共和党人偏于强硬。而在英国，类似的直接影响要小得多。

假设5：对经济的判断会影响人们是否支持对华强硬。对经济形势抱有负面预期或家庭财务状况较差的人们更倾向支持对华强硬。

假设6：英美两国的受访者持国民应当无条件支持国家政策的态度同希望政府对华采取强硬政策二者之间有直接且正向关联。

假设7：在经济和军事方面都支持对华强硬的人就是出于对中国总体感觉不好。

此外，作者还推测：

假设8：上述附加的协变量在美国案例中较之英国更具有解释力。

假设9：美国人对政府政策的倾向会受到不同心态的影响，或者说用不同的心态来选择经济和军事方面的政策偏好，而英国人在两个领域上受到的心态影响表现较为均衡。2013 年 1 月，1891 名英国人和 1858 名美国人接受了本次研究所设计的在线问卷调查。根据研究设定和调查问卷结果，作者分析得出以下一些初步的结论。

调研结果

总的来说，两国的绝大多数受访者都不是亲华人士（Sinophiles），美国人对中国的印象比对陷入动荡的中东国家埃及还差。受访的美国人普遍倾向于认为对中国实施严厉的经济和军事外交政策“十分重要”而不是“有些重要”。英国人更多是选择后者，而且选择“不太重要”的受访者比选此项的美国受访者略多。另外，选择支持强硬的经贸政策的两国受访者要略多于支持军事上强硬立场的受访者。

比较而言，受访的英国人表现出更多的军事主义倾向，更相信全球化具有积极影响，同时有趣的是，表现得比美国人更爱国。在英国，虽然支持全球化和对华贸易者也会倾向对华采取宽柔政策，但军事主义心态表现出来的影响更大。持孤立主义态度者不希望政府采取过激的对华政策。偏于爱国主义者更乐于见到强硬的对华政策。并且，信教者较之不信教者更容易支持对华强硬，而受过高等教育者较之未受高等教育者总体态度更温和。党派因素在英国受访者中的影响不明显。

美国的情况有许多细微的不同。较之英国，支持经贸方面强硬政策和支持军事方面强硬政策二者间的共变相关要更明显。鹰派信念对于持强硬政策立场的影响最为明显。相信全球化的积极作用对于持温和政策立场也有非常强烈的影响，但这种影响在军事政策方面发挥得不如在经贸政策方面那么大。略出人意料的是，爱国主义心态较强者反而不那么倾向支持在经济方面对华强硬，这一变量对军事政策的取向影响则不太明显。最后，对个人和美国经济状况抱有信心者倾向于在各个领域对华采取强硬政策。

其他控制变量方面，美国的老年人远比年轻人支持对华强硬，少数族群普遍倾向对华宽柔。共和党要比民主党倾向对华强硬。同英国一样，美国的新教徒和天主教徒也偏向支持对华强硬。

至于前面提出的假设，其结果是：假设1仅在英国成立；假设2未得到验证；假设3在美国完全成立，但在英国，虽然明显有关联但关联性不强；假设4在英国完全成立，在美国共和党人身上表现明显，民主党则要细论；假设5在美国成立，在英国则基本不成立；假设6在英国成立，在美国则不成立；假设7大体成立；假设8两国均成立；假设9两国均成立。

唐磊/编译

2016年5月

中国经济外交的发展进路

蒂莫西·希斯

在跃升为世界第二大经济体之后，中国意在向贸易强国转变。为此，中国采取种种经济外交手段，包括推动亚洲作为地区经济体的深度整合，修改国际贸易规则和标准，确保自身所需的技术、资源和市场，以提升整体竞争力。就此，美国兰德公司国防与国际问题高级研究员蒂莫西·希斯（Timothy R. Heath）在《亚洲政策》（*Asia Policy*）杂志2016年第22期发表论文（China's Evolving Approach to Economic Diplomacy）讨论中国经济外交的发展，指出中国经济外交始于国际金融危机，尽管主旨在于提升国家的竞争力，然而却削弱了贸易和投资在抑制中美紧张关系上所发挥的传统作用，双边关系因此进入了激烈的战略竞争与深度经济依赖共存的时代。该文摘要如下。

经济外交：历史与概念背景

有关经济外交政策和相关概念的研究有助于理解支撑中国战略行为的经济动态，但是这一主题近年来没有得到足够的注意。少数几位西方学者曾经扩展分析的范围，将经济外交作为中国外交政策中的一个发展中的学科。例如国家安全委员会亚洲事务顾问麦艾文（Evan Medeiros）在2009年的研究中注意到，在胡锦涛时期，经济外交即已成为主旋律，他将中国经济外交的概念限定为采用“贸易、投资和金融政策来支持中国的外交目标”，以及采用“传统外交手段来促进中国的经济发展，诸如通过确保进入国外市场”。麦艾文认为这一概念对于中国来说“颇为新奇”，因为此前中国倾向于将外交和经济问题分开处理。

经济外交作为一个清晰概念的最早的表达可以追溯至改革开放初期，当时为推动改革开放出现了“对外经济政策”的转向。邓小平在1980年的一次讲话中就指出，中国的改革为这样的政策设定奠定了基础，他将这一政策变革解释为旨在利用国外的知识、技术和投资以帮助中国发展，吸引西方经济资源和专业知识以支撑中国经济。尽管在范围上略显狭窄和局限，但其代表了将外交和经济交集起来的官方思维的关键起始点。

20世纪80年代，中国领导人寻求促进稳定的国际环境以实现经济的现代化，而外交通过打造和平稳定的安全环境“直接地”服务于经济发展。20世纪90年代末和21世纪初，北京开始扩展“外交政策”或“外交”的含义，将经济作为一个明确的副标题结合进来。这在一定程度上反映了中国承认自身与全球经济更深地融合，以及由此带来的面对非传统威胁的日益增大的风险。特别是，中国越来越依赖于贸易并扩大国际组织的参与度，因此提高了外交政策中经济专长的重要性。相应地，高层领导和学者也开始更频繁地强调需要更好掌握经济问题的外交政策专家。加入世贸组织则进一步刺激了中国对经济外交的兴趣。

经济外交的概念重建

许多要素出现在20世纪90年代末和21世纪初，并在随后的数年中持续发酵，促使中国领导人进行更多的政策思考，包括推进经济外交。这些要素主要包括：对原材料和先进技术的需求、对扩大和创造出口市场的需求、保护越来越脆弱的海外经济利益的需求，以及对贸易保护主义和歧视性贸易政策的关注。

国际金融危机：新的贸易和投资战略的催化剂

国际金融危机使得中国经历了出口和投资的猛烈下滑，这是此前中国经济增长所特别倚重的。金融危机对许多国家的贸易政策都产生了影响，其结果是不少西方国家政府更加直接地参与推动本国的经济增长。同样的，中国政府也提出将经济外交作为支撑增长的手段，呼吁政府官员努力地开展经济外交，以服务于经济发展的全局利益。

金融危机之后，贸易强国的理念成为制定推动中国持续发展政策的基础。经济外交则仍然是一个广泛的与经济相关的政府外交政策类别，包括了多种多样的经济和外交政策工具。

习近平上任伊始，便对以经济外交实现向贸易强国的转变给予了明确的支持。在2014年11月的外交政策工作会议上，他指出，努力“改革国际体系和全球治理”，并“增加其他发展中国家的代表性和发言权”。2014年12月，习近平更指示深化自由贸易区战略，呼吁中国参与国际经济和贸易规则的制定，并争取取得全球经济治理的制度性权利。在对这些倡议进行解释时，习近平指出需要加快中国从贸易大国向贸易强国的转变。

打造贸易强国和加强经济安全

对大规模投资以打造新的市场和深化亚洲经济整合的追求获得了广泛的国际关注，然而这些举措仅仅是诸多经济外交努力中最为亮眼的部分，依据“十二五”规划，中国将更加努力地推动人民币的国际化，增强中国对国际贸易规则、价格和标准的影响，扩大自由贸易战略，推动区域经济整合，加大投资确保提高中国贸易竞争力所需的先进技术、市场和资源，以及进行外交斡旋以解除贸易处罚和获得大额出口订单。

中国经济的绝对规模、与美国在安全等一系列问题上的长期分歧，以及中国作为亚洲主要大国的历史经历，使其不会沿袭日本和其他亚洲小虎的发展路径。与美国的盟国们不同，中国督促改革由美国主导的国际体系，因此也必须考虑美国抵制改革的可能性。此外，中美两个经济体之间的竞争加剧还恰好发生在中国经济面对世界威胁的脆弱性不断加剧的当口。

20世纪90年代末以来，经济和安全越来越深度交织。在金融危机之后，中国学者将经济安全与民族复兴的追求更紧密地联系起来，使这一概念获得了更为重要的地位。近年来，决策者们进一步提升了经济安全的重要性。而经济外交和经济安全之间意义的趋同反映出中国对于其寻求成为贸易强国所面对的潜在政治和战略障碍的忧虑，以及对于其在世界范围内的经济脆弱性的忧虑，预示中国将对与经济增长和安全利害攸关的问题采取更为强硬的政策立场。

挑战与建议

中国的经济外交和经济安全观念的变化从根本上反映出其作为一个大型经济体的成熟。尽管走向贸易强国的政策转向主要具有经济意义，然而对于经济安全的讨论显示其对于中美关系也具有重要影响。

在中美关系中，贸易一直发挥着建设性的、稳定的作用。尽管如此，近年来有关双边经济关系的悲观情绪有所增长。一份美国国会报告指出，双边经济关系的发展“已经日益复杂化，并常常充满了张力”。报告特别提到了针对美国公司的网络间谍活动、知识产权保护不到位、歧视性创新政策、落实世贸组织义务的记录喜忧参半、产业政策的扩大使用，以及对人民币价值的干预政策。

美国工商企业也表达了日益增长的失望。2014 年美国商会报告称，越来越多的外国企业感到在中国不受欢迎。至于造成这种现状的原因，受调查者大多提到中国作为一个竞争者甚至是不当竞争者的地位。此外，鉴于中国寻求改革国际贸易规则和标准，侧面鼓励了企业对世贸组织规则的抵制，认为这些规则不公平地损害了中国的利益。

在中美对于市场的竞争加剧的背景下，纠纷的个案逐渐增多。除此之外，两个国家还竞相对涉及贸易和投资活动的国际机构加大影响。尽管参加了如世贸组织、国际货币基金组织等既有机构，中国还倡导成立新的经济和安全机构以作为替代，且为这些机构制定更加适合中国需求的标准、规范和原则。

具有讽刺意味的是，当两个国家更加需要发挥稳定的影响，以平衡源于安全的相关分歧的紧张状态时，经济的联系却越来越呈现竞争的关系。因此，两个国家都有大量的工作要做，认真思考如何以和平的和降低系统对抗的方式来管控经济竞争。

基于上述分析，以下三个方面是决策层面需要格外关注的。第一，鉴于经济和安全问题相互叠加，针对这些问题的分歧有可能延宕不决，因此更多的研究和创造性的政策工作需要通过在经济、安全和政治领域开展和平竞争的方式来思考。第二，为抑制经济竞争，美国的决策者应该寻求既参与中国引领的经济创新，诸如亚洲基础设施投资银行，又在美国主导的活动中与中国合作，例如在国际货币基金组织中改革表决权份额以更好地反映中国的经济体量。第三，美国决策者应该寻求加强在国际规则、规范和原则上与中国和其他发展中国家的对话。

刘霓、杨莉/编译

（责任编辑：高媛）

2017 年 1 月

美国需要更好地适应中国的全球角色

方艾文

美国独立智库保尔森中心（Paulson Institute）副主席、卡内基国际和平基金会的著名中国问题专家方艾文（Evan A Feigenbaum）在《外交事务》杂志2017年1—2月号上发表题为“中国与世界——同勉强的大国打交道”的署名文章，文章指出，美国遏制亚投行的计划最终失败，这提醒美国需要有一个相对全面的认识，即中国崛起并非一股革命性力量，它恰恰是当今几乎每一个主要的国际体系中的一支；应对中国的崛起，西方必须加强自身的创造力和战略一致性。文章摘编如下。

中国与世界

回顾历史，在20世纪六七十年代，中国就在不断寻求改变和塑造国际体系。毛泽东几乎反对每一个主要的国际体系，并且提供了一个革命性的反资本的全球秩序。美国最初欢迎中国这个新兴角色并且想对其进行管理。当美国试图将中国纳入国际体系当中时，许多人认为中国会破坏当今的国际格局。因此，十多年前美国开始改变战略，想利用中国经济体的力量惠及整个国际体系，并且使潜在的威胁在这一过程中被消弭。

2005年，美国副国务卿罗伯特·佐利克称中国已经加入包括世贸组织在内的许多国际体系，也曾参与签署诸多国际条约。他认为美国在允许中国加入国际体系的同时，应该敦促中国对当前国际体系负责。罗伯特·佐利克演讲的深层目的还在于解决中国在国际安全和稳定上“搭便车”的倾向，因为亚洲和世界其余各地的安全和稳定都是由美国维护的，而中国在国际事务中的贡献相比它不断增长的经济体量来说非常之少。

面对中国的崛起，美国维持当今国际体系的三重困难是：第一，中国对国际体系的自由规范保持抵触，并且还要注入自己的价值观，例如不干涉原则；第二，尽管中国已经加入了当前由西方主导的国际体系，但仍通过其他的国际体系来改变既有秩序，例如金砖组织和亚投行，这种分散投资的行为可以拓宽自身的选择权从而实现更多的目标；第三，中国努力扩大影响力的同时势必会削弱欧洲较小国家的影响力。对美国而言，在国际体系的自由度和执行力两者之间寻求平衡是很难的，西方越控制该体系，越会遭到自由主义的诟病，也就越发失去影响力，从而削弱西方国家对国际事务管理的执行力。

更加和谐的亚洲

在亚洲，美国面临的困难是如何应对中国日渐增长的行动主义。其实，这个地区有关泛亚主义的想法、谈判和协定已经有很久的传统，但这些国家对中国仍有相当程度的怀疑。比如日本，它在过去也提出过泛亚的主张，包括提出建立亚洲货币基金并推动了“清迈协议”的诞生，然而现在日本一些人士建议与美国一起抵制中国的新泛亚主义。

一方面，区域全面经济伙伴关系（RCEP）并没有成为中国抗衡美国的平台，其成员除南亚国家外还包括印度、日本、越南等对中国在亚洲动机深表怀疑的国家，它们也想建立起某种并非由中国来主导的泛亚秩序。在这一点上，并不像美国想象的那么简单。另一方面，中国在要求国际体系改革和建立泛亚组织方面的需求常常同印度不谋而合，因而得以顺利推行。例如印度协助创建了亚投行，并且是亚投行的第二大股东。尽管它也怀疑中国的势力，但还是同意这个新的组织在国际格局中发挥必要的平衡作用。因为印度和中国一样也不愿意永远委身于西方建构的体系中。此外，中国的泛亚尝试通过采纳包括美国在内的其他国家所倡导的观点也获得了一些来自它们的帮助。比如中国的“一带一路”基础设施项目。

这对美国意味着并不需要将亚投行和“一带一路”视为对美国努力的一种破坏，但这的确意味着亚洲的经济逐渐在寻找除西方之外的另一种投资和经济合作。很有可能到2030年，亚洲将成为一个统一的整体，世界将会更多地谈论“亚洲”而不是“亚太”。

最好的防守

美国必须适应在亚洲面临的新的战略挑战。然而，美国并没有很好地适应中国的全球角色，尤其是中国的新泛亚方案。美国可以也必须做得更好。一方面，关于地区和全球秩序将会有诸多不同意见，美国需要对这些观点仔细斟酌；另一方面，凡是不涉及美国及其盟友的国家安全问题时，美国不应该要求其盟友在北京和华盛顿之间做选择。在南海问题上，美国必须对中国施压；但中国投资建设贸易铁路干线和输电线路并不会对美国构成威胁。

特朗普当选后，美国几乎已经终止了跨太平洋伙伴关系（TPP），所以美国只能寄希望于亚洲国家填补这一空缺并且制定相应的规则。尽管美国的商业活动在亚洲仍占有举足轻重的地位，但真正利益攸关的不是商业贸易而是规则、标准、制度。特朗普此举则将会使美国在投资管理规则、技术标准、劳动力以及环境保护等事务中丧失影响力。

美国要鼓励地区的自由、开放、市场经济秩序。美国非但不应该退出跨太平洋伙伴关系，而且还应该进一步完善它，具体可以通过和中国以及印度进行关于双边投资协商来使它们对美国公司开放经济市场并且支持两国经济的改革倡导者；寻求发展伙伴关系来促使美国在亚洲的基础设施建设之中谋求商业利益；通过达成具体协议从而开放美国顶尖的服务业和高新技术产业市场；谋求在“一带一路”倡议中订立有关渔业和环境标准的新协议。

如果美国还想再保证在经济体系中的话语权，必须采用一些非常措施。首先，美国需要成立一个国家专项组负责解决国际体系的特殊事务；

作为承认中国日益增长的国际地位的一种交换，美国需要在中国身上获取更多利益。最近的一项关于中国要求人民币成为国际货币基金组织特别提款权货币的许可，是这项措施的一个典范。其次，美国不应该花大量的时间和精力来应对中国的各项行动，相反，美国需要更加活跃并且利用好自身在技术、研发以及和全球市场联系方面的实力，并且也需要与不同的亚洲伙伴合作来协助制衡中国不断增强的影响力。

侯琳钰/译　唐磊/校

（责任编辑：高媛）

2017 年 2 月

英国脱欧对中欧关系的影响

夏添恩

由英国皇家国际事务研究所亚洲项目部高级顾问夏添恩（Tim Summers）撰写的论文《英国脱欧对中欧关系的影响》（Brexit：Implications for EU – China Relations）于2017年5月刊发在该研究所的官网上。作者假设英国将采取彻底的硬脱欧方式，不仅退出欧盟，还将退出单一市场，并很有可能逐渐开启包括同中国在内的贸易协定谈判，进而对欧盟—中国关系造成影响。现将其主要内容编译如下。

脱欧的影响

英国脱欧在更广泛的意义上将会对中国的对外经济与政治外交造成冲击，如人民币国际化、外国直接投资外流等首要问题。就国际秩序而言，英国脱欧会影响到政治与经济力量的再分配、全球安全挑战的性质、国际机构的作用等。

英国从欧盟脱离的性质与细节会大大复杂化其脱欧对欧盟—中国关系的影响。到2025年，英国要么向欧盟靠拢，缓和硬脱欧带来的冲击，要么同欧盟越行越远。而上述可能还会受到诸如欧盟机构与各成员国的反应、外部因素（中国）等中介变量的影响。英国脱欧的原因也应予以考虑，以正确评估其带来的影响：英国保守党党内政治、公众对移民的看法、长期以来英国对欧盟项目的矛盾心态，甚至是脱欧所反映出来的反全球化政治经济浪潮。这些潜在的结构性力量都可能影响到欧盟的未来发展，进而影响欧中关系，对欧盟以及英国在 2025 年前的对华政策，包括工业政策、经济发展与安全环境等，也会产生一定的影响。

欧盟的决策与定位

在欧盟的外交与安全政策中，英国的作用不可忽视。就专长而言，英国官员定期在欧盟各大机构中担任同中国相关的职务，还在起草战略性文件《欧盟对华新战略的要素》（Elements for a New EU Strategy on China, Joint Communication to the European Parliament and the Council, Brussels：Europcan Commission, 22 June, 2016）中发挥了重要作用。英国脱欧后，欧盟决策层可能进入一个过渡期，欧盟对华政策制定将面临能力不足的问题。

英国对华的总体政策特点分明，在经济与商业问题上采取相对自由主义的立场，在与中国打交道的时候确保其价值的推广。欧盟决策层与意见领袖中持有这样一种观点，即英国的价值推广在 2013 年 12 月首相卡梅伦的对华政策后多少有些妥协。尽管后脱欧时代的英国政府释放出的对华信号相对更保守，但考虑到中国在全球事务上的影响力与不断增强的贸易投资潜力，英国仍将会寻求同中国方面维持更友好的关系。但这不意味着英国就是欧盟成员国中的异数。

鉴于英国对当前欧盟对华政策的贡献，后脱欧时代的欧盟 27 国中，对华经济政策上的自由主义声音将会有所减弱，欧盟可能会采取一种更强的保护主义姿态的立场。在大方向上，欧盟的对华态度则会与《欧盟对华新战略的要素》文件中的立场保持一致，不过欧盟内部的对华政策也存在分歧。

在这样一种背景下，欧盟机构一直渴望能有一个更团结、更一致的对华政策，这也是上述文件的目标。英国的脱欧又将这一问题提上了台面，英国到底是推动欧盟采取更统一的对华政策的力量，还是更分裂政策的力量？有人认为，英国脱欧或许会破坏欧盟成员国间的平衡，让更加一致的对华政策的形成难产，英国对华采取的重商主义策略也会在欧盟各成员国中埋下分裂的种子。

英国对欧中经济、商业交往的贡献及脱欧带来的影响

当前英国与中国的关系意味着脱欧对中国与欧盟的整体经济与商业交往将产生显著影响，降低其范围及多样性，但不同领域受到的冲击有所差异。

就商品贸易而言，从现有数据分析可以看出，脱欧带来的直接影响首先是欧盟同中国间贸易赤字的相对规模有所下降，欧盟 27 国对华出口所受到的影响要小于从中国进口商品的影响，27 国的进口规模要比 28 国小得多。英国脱欧后，欧盟将很难保住中国最大贸易伙伴的地位，这有可能会导致欧盟 27 国战略地位的象征性下降，尤其值得注意的领域是汽车制造业。

就服务行业而言，英国是继美国之后全球第二大服务出口国，其所发挥的作用不容忽视。随着中国经济大部分朝着服务行业的过渡，该领域的快速增长可能会弥补英国在商品贸易中的欠佳表现。不过，脱欧对中英两国在服务行业关系上的影响很可能是间接的。金融服务领域内的某些特殊格局将会发挥作用：作为国际金融中心的伦敦的重要性意味着没有伦敦的欧盟将不再享有突出地位；而缺少欧盟牌照通行权的伦敦各大金融机构则可能妨碍中国同欧盟、英国间的金融服务合作——首先是人民币国际化，其次是中国银行及金融机构在欧洲的扩张。

就投资而言，尽管中国在欧投资的总股本绝对值不高，英国一直是中方投资最喜爱的目的地。英国脱欧最直接的效应是，中国对欧盟的直接投资总股本将会缩水约 1/5 强。不过，中方对品牌、技术获取及市场准入的渴望，意味着中国在欧投资将会持续增长，中国投资将会撤离英国，但欧洲范围内的对华政策立场造成的影响将会逐渐超过英国脱欧本身的影响。

就教育、旅游业而言，欧盟同中国在教育领域的交流将会遭到削弱，但中国游客的入境旅游受到脱欧的影响不大。

此外，英国脱欧是否为欧盟范围内传统安全合作的进一步发展开辟新的空间、脱欧后香港的未来发展等问题都值得进一步关注。

结论:2025 年前的脱欧效应

英国脱欧只是全球波动的一个现象，就此意义而言，它只是影响中欧关系发展的因素之一，中欧关系还取决于中国对欧战略立场与欧盟自己未来几十年的发展轨迹。

从中国看来，英国与中国互动的规模意味着欧盟的相对地位很有可能遭到削弱，而集中精力同更大范围内的欧洲国家或欧盟成员国的交往能有效补充中欧关系。不过，在不同的问题上，冲击程度存在差异。作为中国的贸易和投资伙伴，欧盟 27 国的作用将会减弱，脱欧对中欧双方在投资、金融及教育往来上的影响是巨大的。

到 2025 年，中欧关系因英国脱欧而产生的变化取决于英国离开欧盟的方式、达成的协议，以及英国、欧盟与中国三方在此之后的态度。软脱欧将会带来更稳定的关系，并使得三方能够利用欧盟与英国间更紧密、更平顺的互动来发展未来关系；而（目前看起来更像是）硬脱欧则会对欧中关系构成新的挑战，尤其是在英国比欧盟更胜一筹的领域内，比如金融服务。欧盟与英国在诸如投资规范与贸易协定等政策上的分歧，更可能造成双方在对华问题上的摩擦，从而将谈判的筹码递到中国手上。最后，因脱欧而带来的中英贸易及投资关系上的创新空间，对英国而言也难以把握。中欧关系将会一直优先于中英关系之上。

杨莉/编译

（责任编辑：张莉）

2017 年 5 月

中美关系未来走向：西方主流学者的研判

白洁曦

康奈尔大学政治学系副教授白洁曦（Jessica Chen Weiss）在《政治视角》（*Perspectives on Politics*）2017 年第 2 期发表题为《中国与国际政治的未来》的书评，梳理和评析了近年来有关中美关系未来走向的七本重要学术专著，并对该领域的研究趋势提出思考。这七本专著分别是：美国前副国务卿詹姆斯·斯坦伯格（James Steinberg）和美国著名防务专家迈克尔·欧汉伦（Michael O'Hanlon）所著的《从战略上消除疑虑与确立信心：21 世纪的美中关系》（*Strategic Reassurance and Resolve*: *U. S. – China Relations in the Twenty – First Century*, 2014）；宾夕法尼亚大学法学院教授戴杰（Jacques DeLisle）和政治学系教授金骏远（Avery Goldstein）主编的《中国面临的挑战》（*China's Challenges*, 2015）；曼彻斯特大学中国研究中心主任柯岚安（William A. Callahan）所著的《中国梦的 20 种愿景》（*China Dreams*: *20 Visions of the Future*, 2013）；普林斯顿大学政治与国际关系学院教授柯庆生（Thomas J. Christensen）所著的《中国之挑战：影响一个崛起大国的选择》（*The China Challenge*: *Shaping the Choices of a Rising Power*, 2015）；哈佛大学贝尔福中心高级研究员理查德·罗斯克兰斯（Richard Rosecrance）和国际安全项目主任史蒂芬·米勒（Steven E. Miller）等人所著的《下一次大战？“一战”的根源及中美冲突的风险》（*The Next Great War? The Roots of World War I and the*

Risk of U. S. – China Conflict, 2015)；德国马歇尔基金会亚洲项目高级顾问丹尼尔·克莱曼（Daniel Kliman）所著的《命定的转变：民主国家如何应对崛起的大国，从“一战”前夜到中国的崛起?》（*Fateful Transitions*：*How Democracies Manage Rising Powers*, *from the Eve of World War I to China's Ascendance*, 2015)；伦敦政治经济学院国际关系学教授克里斯托弗·科克尔（Christopher Coker）所著的《未必来临之战：中国、美国和大国冲突的逻辑》（*The Improbable War*：*China*, *the United States*, *and the Logic of Great Power Conflict*, 2015)。现将该书评文章摘编如下。

选择很重要

中美之间并非必然要发生冲突或战争，关键在于行动方案的选择。有利于和平的做法有以下三个方面。

一是立威与消除疑虑的有效结合。在《从战略上消除疑虑与确立信心》一书中，斯坦伯格提出，美国应通过对话、交易等方式，将立威与排疑、自我约束、透明度结合，从而避免中美在台湾问题和朝鲜半岛问题上冲突升级，最终引爆战争。柯庆生在《中国之挑战》中也强调，在立威与排疑之间保持平衡是美国对华强制性外交取得成功的关键。两本书都把美国在亚洲的军事部署和盟友视为其安全资产而非负债，并建议保留。

二是欢迎中国参与全球治理和领导。柯庆生认为，中美在全球治理方面的合作可能是减少两国战略不信任的最佳途径。科克尔在《未必来临之战》一书中强调，美国需要与中国共同承担责任，这样有助于避免冲突，同时，双方必须就必要的规则改变进行对话。

三是中国进行自身政治体制的改革。在《命定的转变》中克莱曼指出，中国需要进行政治改革以使其意图更加清晰。

历史未必重演

过去的模式和惯例会对当下产生影响，因此一些学者试图通过回顾历史来描绘中美冲突的可能路径，但这几本书的作者都对中美关系“宿命论”提出了质疑。

柯庆生提到，中国的出口导向型经济严重依赖外商投资；尽管中国东海、南海上的争端不断升级，但领土权利已不像过去那样危及国家存亡；随着实力的增长，中国可能会放弃一些既定规则，但并非替换它们。在《下一次大战?》中，米勒指出，普遍的好战情绪是第一次世界大战爆发的关键因素之一，但这种背景在今天的中美两国都不存在。

尽管如此，第一次世界大战仍能带来一些警示。其一，第三方国家引发的风险。其二，民族主义的失控。其三，低估冲突。

对于美国的军事优势是否构成积极因素，学者们也有不同的看法。有的认为，这有利于和平，因为当实力差距十分明显时，较量是没有必要的。但柯庆生指出，中国即使不能成为与美国同台竞技的对手，也同样可能诉诸武力。

准确捕捉细节

即使中美有意避免战争，但一些小事件也可能迅速升级为危机。因此要重视以下细节。

一是引发一方挑起冲突的诱因。两国拥有核武器的数量可能不足以阻止全面的核袭击。尽管中国承诺不首先使用核武器，但仍可能会在遇到严重威胁的情况下降低门槛以形成核威慑。

二是使用核武器和常规武器的战略考虑。金骏远在《中国面临的挑战》中指出，中国在战略上相信，有限地展示军事实力是有必要的。斯坦伯格和欧汉伦认为，中美两国在面临对方的挑衅时应以经济或政治等手段而非军事手段应对。为避免冲突升级，美国应首先做到控制武力的使用，即使出现对抗也应控制在局部地区。

三是对决心、名声和国家尊严的态度。下决心有时候取决于争端中的实际考量，比如经济和领土争端上的得失，但通常决心来自许多难以实际衡量的因素。例如对名声和尊严的重视，只有在危机升级时才能察觉其分量。正如金骏远所说，最令人担忧的可能是中美不能互相把握对方在其核心利益上的态度。因此，白洁曦认为，研究领导人如何处理危机十分重要。另外，话语有塑造认知的力量，因此她提醒学者们应审慎使用。

国内政治的重要性

白洁曦指出，以上几本著作都深入探讨了可能影响中国未来的国内观念和挑战，但较少涉及影响美国战略和政策的内部因素，而研究美国国内政治的发展也很必要。

另外，白洁曦指出，学者们不宜预先把两国政体截然划分开来，而是应识别相关机制（如外交政策的决策过程），研究它们是如何在两种政体内运作的。因为这些机制所引导的偏好和利益的趋同可能有效避免战争，而只着眼于政体类型的差异就会忽视这一点。

至于中美未来是否会发展出共同的信仰和利益，《中国梦的 20 种愿景》可能带来一些启发。柯岚安描述了中国未来可能有的 20 种发展愿景，探讨了美国今后可能面临的是怎样的中国。但由于该书没有解答有关中国可能采取的发展路径、阻力最小的路径、哪些路径不太可能实现等问题，显得解释力不足。

白洁曦总结道，中美关系的未来走向仍充满不确定性，研究国内政治和国际政治如何相互作用对预测亚太地区的前景十分重要。为更好地研究中国的行为及美国的应对背后是哪些观念和利益在支配，学者们需要做更多的实证研究并为之设计更完备的理论支撑，并对特定行为体、活动及其结果展开进一步研究，尤其要密切关注中国使用的话语和内部运作机制以及美国国内的政治动态，而不是继续讨论结构性趋势和历史模式是否会导致中美可能的未来。

唐磊、王欣仪/编译

2017 年 5 月

认同政治:中国作为日本的“他者”

雷恩·叶妮·林格伦等

在处于剧烈变动的东亚政经格局下，中日关系对于双方而言均是最重要的双边关系之一。中国作为令人紧张的“他者”，始终纠缠着日本自我认同构建的过程；同时日本建构出的中国形象也直接影响双边外交与安全政策。挪威国际事务研究所研究员雷恩·叶妮·林格伦（Wrenn Yennie Lindgren）等在 2017 年第 3 期《亚洲政治与政策》发表文章，以 2010—2014 年的中日钓鱼岛争端为案例，识别出日本用于建构中国的关键话语符号并进行结构化多维度的分析。文章发现，在此期间日本利用与“他者”中国的差异化构建出国家自我认同，从而进一步巩固了本国官方安全话语。作者还指出，中日双方都对对方抱有强烈优越感，这种认知心理对良好的中日关系构成障碍。该文主要内容编译如下。

理论基础与研究方法

近年来，建构主义理论为东亚国际关系研究提供了新视角，该理论强调认同产生于区分国内与国际、对内与对外、国家“自我”和“他者”的话语实践中。

我们可以从承载话语的符号中辨别出认同构建，这既包括在强调彼此间的同一性（sameness）而形成连接关系的一系列符号，还包括使自我与他者之间形成分化关系的另外一系列并置符号（juxtaposed signs）。尤为关键的是，要识别出重要的符号和它们与其他符号以及并置符号之间的连接方式。

一个国家及其人民（自我）关于其盟友及敌人（他者）的话语表述，暗示着对特定国家实行的外交政策，故也可把国家自我认同理解为构建出了一种可感知与可接受的选择空间，据此判断该国外交政策是否正确、明智、合法，以及该国可以容忍他者行为的边界。

2010 年以来，中日钓鱼岛争端进入东亚安全关系的核心舞台，并成为学界的关注热点，但是国际关系界对该时期日本利用中国来构建认同方面尚缺乏深度研究。该文首先运用了巴哈·鲁梅莉莉（Bahar Rumelili）提出的认同构建框架来分析日本安全话语，从以下三大维度来剖析自我—他者关系中的认同构建。第一，认同的性质，即我—他之间差异的性质是后天形成的（acquired）、开放性的（inclusive）、具有改进空间的，还是本身固有的、排他性的而不可扭转。第二，他者的回应，即对于“自我”对“他者”的认同建构，“他者”是承认还是反对，甚至“他者”又提出了另一套完整的话语体系。第三，社会距离的远近，自我构建的认同对他者的社群而言是亲近还是疏远。在该框架的基础上，作者又增加一个分析维度，按照所属的不同领域区分了安全话语符号，包括政治、军事、经济、司法、文化、地理等多领域，从而深化对符号作用的解读和把握话语中的关键符号。

任何一项话语分析研究，都必须清晰界定研究对象“自我”、话语的时间范围、话语围绕的议题以及话语代理人。该文明确研究的“自我”是日本，“他者”是中国，此外还将日本的西方盟友与东亚其他国家进行比较分析。话语时间划定为 2010—2014 年中日钓鱼岛争端白热化时期，该时期另一个不可忽视的大背景是中国崛起。议题是钓鱼岛争端与安全，话语代理人是日本外交政策中的精英，包括政客、学者、官员和知识分子。

日本涉华安全主题官方话语的文本分析

作者回顾了历史上中国在日本认同建构中扮演的角色。在德川时代，一群日本学者将日本置于文明中心，消解对中央王国及其创造力和文明的传统崇拜，冲破日本是“东方野蛮人”的认知。在通往亚洲殖民化与第二次世界大战的现代化时期，日本人将西方和亚洲作为他者来建构日本是一个现代东方国家的形象，不仅向西方靠拢，而且还要脱离野蛮的亚洲及其首要代表中国。第二次世界大战结束后，日本主要在西方世界与共产主义阵营的霸权“冷战”叙事中理解中国，同时认为，与日本战后工业化及和平发展经验相比较时，中国显然低人一等。直到 20 世纪 90 年代，日本在寻求正常化的过程中，看到中国不断增长的军费预算“不正常”行为时，意识到其安全地位受到挑战与威胁，中国已进入日本安全认同构建的中心。

2010—2014 年中日钓鱼岛争端达到白热化，集中呈现了日本的安全话语及其与中国的分化，凸显日本对中国的理解与再理解。话语分析的文本主要来自官方文件，包括外务省发布的蓝皮书和网站发布的信息、防卫省的防卫原则和日本首相官邸，政客、官僚、学者发表在全国性报纸上的言论，以及作者 2014 年 4 月与四位学者或前官员的访谈。作者通过文本分析认为，2010—2014 年钓鱼岛争端期间，日本官方安全话语有七组符号用于建构自我与他者中国的关系，包括政治领域的民主/专制、透明/非透明、现状捍卫者/国际法律和规范的挑战者，军事领域的和平/进攻性，司法领域的守法/不守法，地缘政治领域的海洋国家/大陆国家，经济领域的发达经济/发展中经济，其中前五组是日本安全话语的重要符号。

主要研究结论

第一，对钓鱼岛争端中日本官方安全话语分析表明，日本的认同建构在一系列并置符号之上，突出自我优越性并贬低他者。“中国崛起”只是加重中国形象的负面色彩。这种安全话语中的主导声音不仅要求日本与西方国家结盟、跻身发达世界和共同观念国际共同体之列，而且结盟使日本作为世界秩序现状捍卫者的身份更具合法性。

第二，日本官方安全话语中的符号属于军事、政治、司法、经济和地缘政治，文化领域的符号缺失，仅作为日本安全话语的大背景出现。而中国的回应中却充斥着突出中国文化优越性的符号。

第三，七组符号都是开放性与后天形成的，这为中日关系带来两个截然相反的启示。一方面，日本对中国的理解具有开放性意味着积极关系演化的可能性，即如果中国采取的行动和日本对中国行动的解读都能更加和平、更加透明、更加守法，中日关系就存在进步的空间。另一方面，如果日本继续以居高临下以及自恃优越的姿态来建构与中国的关系，甚至对中国持冲突和对立的态度，就会忽视进步的可能性，开放的大门就此关闭而产生负面结果。

第四，作者利用二手的文献资料分析中国的回应得出结论：中国构建自我认同的方式与日本大致相同，中国是和平的经济大国、日本是具有进攻性的他者，也是有优劣等级之分的关系性符号。双方均对他者持强烈的优越性，中日相互认知错位，对东亚地区的沟通与谈判极为不利。

第五，在社会距离方面，有五组符号中国都在日本的极端对立面：日本认为中国不民主、进攻性、不透明、不守法，是国际法律与规范的挑战者，两国社会距离疏远。另外两个次要符号则有新近演化，常将中国看作新兴经济体和新兴海上国家（主要是大陆国家），日本和中国之间的社会距离缩短，这方面的调整表明日本精英对中国的认同建构与全球趋势保持一致。

第六，钓鱼岛争端期间日本官方安全话语得到加强，核心是中日领土冲突对日本国家安全的威胁及其最终生存问题，该话语关注重点不是何为日本，而是谁在威胁日本和日本应该采取的反击措施、政策。日本官方安全话语将中国建构为不透明、不守法、不民主、挑战者、进攻性的国家，实际上是为日本扩充军备等一系列安全政策的扩展提供了可取性、可行性和合法性的支撑。

刘晓玉/编译

2017 年 6 月

中国对外援助的扩大与国际开发援助的界限

渡边紫乃

以往国际上对发展中国家援助的主要力量是经合组织旗下的发展援助委员会（简称DAC）成员，进入21世纪以来，国际开发援助舞台上新兴援助国的存在感不断增强。据国新办发布的数据，2004—2009年中国对外援助额年平均增长29.4%，在新兴援助国中尤为令人瞩目。东京大学东洋文化研究所季刊《东洋文化》第97期组织了“开发援助的未来学”专辑，其中开篇就是由上智大学国际关系专业教授、国际开发援助研究专家渡边紫乃撰写的《中国对外援助的扩大与国际开发援助的界限》。该文全面梳理了中国的对外援助观，并将“中国经验”视为突破当前国际开发援助瓶颈的重要参照。文章主要内容摘译如下。

中国对外援助的发展历程与近期动向

中国的对外援助始于1950年，作为国际对外援助国的经验已超过60年。不过在过去的很长一段时间内中国一直没有公布详细的对外援助信息，直到2011年4月才首次发布了《中国的对外援助》白皮书，三年后的2014年7月又再次发布白皮书。相比过去相关领域信息公开程度不高而言，短短几年两度发布对外援助白皮书是一个巨大的转变。两份白皮书也透露了中国对外援助的几个显著特点。

第一，近年来中国的对外援助额大幅增长，且贷款重要性不断升高。截至2012年年末，中国对外援助额总计达3456.3亿元，仅2010—2012年三年间就达到893.4亿元，相当于1950—2009年60年间累计援助总额的1/3，中国对外援助额度的迅猛增长可见一斑。对外援助的资金类型包括无偿援助、无息贷款和优惠贷款三种。近年来，优惠贷款在中国对外援助中的份额越来越大。1950—2009年，无偿援助占对外援助总额的41.1%，优惠贷款只有28.7%，2010—2012年的三年中，优惠贷款和无偿援助各自占比则变化为55.7%与36.2%。第二，对外援助资金的分配上依然将亚非地区作为重点。1950年中国开始对外援助之始就为还在战时的朝鲜和越南提供过援助。自此以后，中国的对外援助战略一直以支持亚非诸国的反殖反帝和民族自决运动而展开。确立今天中国对外援助基本方针的“对外援助八项原则”就是周恩来总理1964年出访非洲14国时提出的。在中国的对外援助资金的分配上，60多年来一直是非洲第一，亚洲次之。第三，对外援助中最为重视对象国基础设施援建。到2009年年末，对外援助的优惠贷款使用中排在最前面的首先是交通、通信、电力等经济领域的基础设施，其次是轻工业、纺织、机械、化工、冶金、石油矿产资源开发等领域。

同时，中国的对外援助近年来表现出其他一些值得关注的动向。例如，中国在双边援助之外，开始更积极地同发达国家及国际组织展开国际援助合作，包括向发达国家派遣人员学习经验，与世界银行和国际货币基金组织等开展交流，更积极地推进第三方合作，等等。这一趋势始于2005年，并从2010年起体现得更为明显。随着“一带一路”倡议的逐步实施，中国在周边诸国的“经济走廊”等基础设施建设今后势必得到进一步推进，而与发达国家和国际组织的合作项目也将不断增加。亚投行的创设，就可被视为中国构筑对外援助治理机制的一种新尝试，同时也是中国参与多国间援助的一种新方式。此外，除了政府外，民间组织在中国对外援助中也越来越活跃，中国扶贫基金会就曾在2015年4月黎巴嫩大地震中派遣救援队和进行人道主义援助。

中国“对外援助观”的特征

中国的“对外援助观”体现出如下几点特征。其一，强调“南南合作”，重视发展中国家间的互相扶助与共同发展。正如“政治上平等互信、经济上互利双赢”这一理念所表达的，中国在对外援助中尤其强调“捐赠者”（donor）与“受捐者”（recipient）间的平等关系，尽力避免其中潜藏的不平等倾向。其二，中国的对外援助始终强调不向被援助国附加任何政治条件，这源于中国外交中的“和平共处五项原则”所倡导的“互不干涉内政”的理念，同时也源于长期实践的经验。中国主张被援助国政府不仅是接受援助国的资金，自己也要拿出相应的部分共同组成开发援助资金。中国在实践中认识到，一国的发展离不开“自力更生、艰苦奋斗”，对外援助中受援国必须充分发挥这一精神方能将对外援助的效果最大化。也因此，尊重发展中国家自己选择符合自身的发展道路、尊重其主权和自主发展的权利就是必要的前提。其三，“授人以鱼不如授人以渔”，比起向被援助国直接提供所需的物品，中国的对外援助更加重视受援国本身的能力开发。

综上，中国的对外援助观与身为发展中国家的立场和中国的外交基本原则等深刻相连。可以想见，只要中国依然将自己置于发展中国家的位置，中国对外援助中的“南南合作”的本质就不会发生大的变化。

突破国际开发援助瓶颈的“中国经验”

在当代国际开发援助体系中，占据核心地位、发挥主导作用的是联合国、世界银行和经合组织下属的 DAC 的主要成员方，它们采取某种特定的开发理念和方法来影响其他成员，从而形成共通的规范与准则架构，并以此确保其他成员共同遵守进而施行援助和融资等活动。然而这套体系并不稳固。一些研究已经指出，这种“DAC 援助模式”并不为全部 DAC 成员广泛享有，各成员间在援助思路与方式方法上都存在诸多分歧，这一模式只是英国、荷兰、北欧诸国眼中的“范本”，并且与 DAC 援助相关的一些规范仅仅是“君子协定”，对其成员的行动缺乏实质的约束力。如何打破这些“DAC 援助模式”的制约，成为国际开发援助“升级换代”本身亟待解决的问题。

中国自 1978 年改革开放以来取得了巨大成绩，不仅 GDP 超越日本成为世界第二经济大国，更在不断缩小与美国的差距。“中国奇迹”对于重视经济发展的广大发展中国家而言无疑充满魅力，对中国经验感兴趣的国家也不在少数。实际上中国也正广泛利用对外援助来向发展中国家传授自身经济发展的秘诀。中国自 1953 年起便开始招收和接待被援助国的研修生与留学生，到 2009 年已有超过 4000 个研修项目，覆盖人数达 12 万以上。2010—2012 年三年间更接待了近 4 万名公务员来华研修。“百闻不如一见”，发展中国家政府的公职人员来到中国，亲身体会到经济增长的实际成果，得到直接汲取中国经验和政策知识的宝贵机会。与此同时，中国也在资金、技术、物资等方面不断向被援助的发展中国家提供其所需的经济基础设施与发展知识。中国从常年接受对外援助的自身经验中深切体会到传统的国际开发援助体系的诸多弊端，在总结教训的基础上，于高效决策和简化援助手续等方面明显优于 DAC 成员的表现。中国共产党正通过充分发挥自上而下型的政治结构及经济实力优势，开拓一条不同于“DAC 援助模式”的国际开发援助新通路。

袁静/摘译

2018 年 1 月

理解中国外交政策的七种叙事

戴维·凯利

“中国政策”（China Policy）是一家位于北京的外资研究咨询机构，长期关注中国社会内部有关各种公共政策问题的舆情并对之进行分析，该机构负责人兼首席研究员戴维·凯利（David Kelly）2018年2月在战略与国际研究中心（CSIS）网站发表了题为《七种中国》（Seven Chinas）的观察报告。网站配发“编者按”指出，对于中国在全球事务的角色存在两种截然不同的意见：一种将中国视为和平崛起的力量，称其致力于成为建设性的利益相关者；另一种则认为中国在挑战现状，包括既有的准则和美国的地位。但现实情况要复杂得多，并不存在坐实这两种非此即彼的结论的明证，也不能像大多数国际关系学者那样简单地用现实主义或自由主义二者之一的框架来分析中国。应当认识到，影响中国行为的基础是多方面的。戴维·凯利通过分析中国多元的身份认同而提供了一个不同的框架，并分析了这些认同如何在中国的外交政策中得以表现。以下为戴维报告的全文摘编。

外交政策是中国传统上最具共识色彩的政策门类。近年来，随着贸易和投资的“走出去”，公共外交领域开始形成，国家利益也随着新的轨道和策略的出现而有了调整。人们已熟知其中一些宏观的塑造力量，包括大国民族主义、经济资源安全以及社会和政治的稳定。与这些典型的“现实主义”考量一样具有强大塑造力的是人们共享的叙事话语，可称为

“七种中国”。政策的形成和调整常常会使用这七种有关中国的叙事。它们分别是①自足的文明体；②最苦难的国家；③发展中国家的领导者；④多元主义的倡导者；⑤独立主权的保有者；⑥最后的男儿；⑦高边疆（High Frontier）的先行者。七种叙事有时能配合良好，有时则不然。其中一些结合在一起有利于发展，其他一些则维护现状，当然也有其他几种可能性。

具体来看这七种叙事。“自足的文明体”是最具影响力和社会基础的一种表述。在其他文明中也能找到类似中国“天下”的概念，但中国的辽阔幅员强化了其一体自足、独特无二的观念。今天，中国仍坚持实现现代化必须立基于本国独特的国情和文化，并在全球治理事务（中东和平、气候变化与人权等问题）中提供“中国方案”。

中国近现代史上饱受外族入侵，相对其他同样遭受外族入侵的国家，中国所具有的文明程度和深重的历史记忆，令其创伤感也更深刻。“最苦难的国家”的叙事浸润社会之深难以想象。

在冷战时期，中国就是社会主义阵营，中国陈述的对外政策是与第三世界被剥削国家站在一起。1955 年的万隆会议是这一叙事在国际舞台的隆重登场。今天，在“南南合作”“一带一路”“世贸组织”“亚投行”等概念下，中国继续发挥着第三世界领导者的作用。

虽然不算同义词，但“多边”和“多极”的概念同“多元”混杂在一起。中国作为多元主义的倡导者这一叙事，同“发展中国家的领导者”的叙事一样，都致力于扩大反对美国霸权的朋友圈。比起西式的“大国协调”所构想的那种临时约定性质的均势，一个多极的体系更简明、更具有感召力，它需要各国齐心协力对抗最大的霸权国家以达成平衡。随着中国、印度、印度尼西亚、巴西等新兴经济体的崛起，美国不得不接受多极化的世界。多极化这一叙事也成为“人类命运共同体”概念的重要背景。

苏联解体和东欧剧变给了中国共产党深刻的历史教训，后者努力通过巩固党领导下的市场经济发展来避免重蹈覆辙。加强爱国主义教育是巩固党的领导的重要手段，这种教育与文化自足和苦难国家的叙事紧密相连。十九大正式提出的“中国特色社会主义新时代”的表述，同时传达着主权得到捍卫的叙事内容。这一叙事的另一作用在于反对他国对中国内部事务的干预。作为捍卫社会主义国家主权的幸存者，中国越来越主动地在国际场合运用主权话语与西方大国的批评者进行辩论。

“最后的男儿”这一叙事在很多方面得到支持。2008—2009 年的金融危机中，中国表现出色，西方的智库分析家们也越来越承认，中国的发展模式更具优越性。俄罗斯强人总统普京在外交上与中国越走越近。中国外交政策领域里的鹰派观点越来越盛。西方大国出于吸引投资的目的很少对中国的外交政策提出批评。中国巨大的外汇储备和“走出去”政策促进了全球的消费。

第七种叙事的含义是，中国和其他国家一起既享受着全球公共产品，同时也要守护它。中国领导人已经接受了中国要成为“负责任大国”的观念。本土的理论家们认识到，一个崛起的大国不能只扫门前雪，要参与提供全球安全这类公共品，同时需要参与国际话语权的竞争。在中国南海地区，中国既要捍卫自己的主权，又要保证该海域的自由通航，二者并不容易兼得。在参与极地开发中，中国也注意其作为全球公共品的保护者的角色扮演，它在科考中贡献的力量使其有权参与最后的经济利益分享。但是，在诸如太空、极地、公共海域乃至网络空间这类“高边疆”区域的积极作为成本不低。

上述对中国的七种解读，每一种叙事的形成都自有其历史原因。今天中国表现出的利益取向复杂的面貌，这七种叙事起着底层的构塑作用，决策也出自这些叙事背后的观念和心理。每一种叙事又同时具有现实和虚构的向度，中国问题观察家们常常在这两个向度之间摸不清方向。

七种叙事会以不同的方式进行混合，有时候会造成一些令人困惑的表述，例如“负责任的发展中大国”“有中国特色的多边大国外交”等。第二套叙事很容易同第一套叙事结合起来，以说明中国崛起之必然。其他一些组合也显示出“有择亲和性”：它们彼此配合，说得像是一个故事。根据不同的叙事组合结果，七种叙事推动形成了中国的外交政策不同方向的表现，其丰富性并非流行的建设者/挑战者的二元判分能够涵盖。

问题的关键在于这七种叙事的一贯性。有时它们彼此加强，但很多时候彼此冲突。对华外交的决策者们需要审慎地分析七者之间的相互作用。中国问题的研究者在行文发声的时候，应该从七种叙事的事实面而非虚构面出发，尽可能全面地考虑它们的影响，进而整合出逻辑一致的结论。中国在面对世界的时候，则应当清楚地向世界表达其利益诉求，而不是全然中国式的表达方式。

唐磊/编译

2018 年 2 月

从公共外交与游说看中国在欧洲的影响力

顾德明等

2017 年年底，欧洲外交关系理事会（European Council on Foreign Relations）在其官网上发布了题为《中国已兵临城下：中欧关系新实力评估》（China at the Gates：A New Power Audit of EU－China Relations）的特别报告，该报告由著名中国学家顾德明（Francois Godement）和亚洲与中国项目的协调人瓦赛尔耶（Abigal Vasselier）主笔。报告旨在提醒欧盟各国同中国打交道时应采取更为实际的态度，并敦促各方努力重新平衡中欧双边关系。本文截取了其中一章“公共外交与游说：中国在欧洲的影响力到底有多深”，内容摘译如下。

习近平主席提出的“中国梦”、“中华民族的伟大复兴”与“新丝绸之路”近年来赢得了国际社会的巨大关注。在习近平的领导下，中国更加专注于自己的叙事，主要通过如下两种形式来加深自己的影响力：向外国人和中国人讲述鼓舞人心的中国故事；以自身的金融实力来巩固外交关系。

在欧洲，中国的形象并非没有争议，公众对华负面观点和对中国发展潜力与影响力的赞赏并存。意大利对华研究的范围十分广泛，涵盖人口流动、微小企业、投资、文化与科学活动、合作交流等多个方面，然而民调显示意大利公众对华印象最糟糕。欧洲国家中对华态度最为友好的是波兰，但中国在波兰的投资与影响力都大受限制。

总体而言，中国的公共外交与游说活动正在增加，不过，中国在欧洲存在感的加深与扩大还远远没有达到峰值。

中国在影响还是欧盟在迎合？

报告的主要研究发现之一是，在同欧洲的富国、强国打交道时，中国几乎不需要费什么力气。政界、商界中间人、政府官员或是地方官员都十分乐意主动向中国做出表示，甚至有时难以辨别到底是中国在游说还是欧盟政府在主动迎合。欧盟主要成员国的一些前政要，在其所在国与中国的关系中发挥了特殊的作用。比如，前驻华大使退休后会去给华为当顾问，法国前财政部部长退休后成为一家私人中法投资基金的管理人。如今已无法再按政治立场来辨别这些政要究竟是中国的朋友还是其说客。

中国与俄罗斯：影响力的比较

中国在东欧的影响力同其在西欧的影响力差别并不大，无非是东欧的社会民主主义国家与中国关系更亲近些。但无论如何，俄罗斯的影响力仍是主要焦点。

事实上，在几乎所有的中东欧国家中，中国大使馆都不如俄罗斯大使馆活跃、有影响力。中国总是绕开地缘政治问题，既不依靠俄罗斯人擅长的幕后操纵，也不依靠令人信服的宣传活动，而是依靠投资与就业前景来吸引中东欧国家。商业往来似乎正成为中国发展对外关系的一大利器，官方代表正式游说的效果不如含蓄友好的行为与商业贸易达成的效果。在波罗的海国家与波兰等国，寻求俄罗斯之外的经济关系无疑是吸引人的。

软实力与对媒体的影响力

教育与媒体也是中国政府加深其影响力的重要手段。中国赴欧留学生数量与日俱增，但目前还没有对学术机构造成任何压力。倒是孔子学院在欧洲随处可见。目前欧洲开办的孔子学院有 160 多家，其数量要超过北美与亚洲的孔子学院。

中国的新闻机构同欧洲本地同行达成了越来越多的协议，向欧洲媒体提供新闻内容，比如向纸质媒体付钱购买增刊，成为近来兴起的一股趋势。《中国日报》（*China Daily*）就以这种方式在全世界的报纸上都增加了“中国观察”这样的栏目。涉及的欧洲报刊主要有比利时的《晚讯报》（*Le Soir*）与《标准报》（*De Standaard*）、英国的《每日电讯报》（*Daily Telegraph*）、德国的《商报》（*Handelsblatt*）、西班牙的《国家报》（*EL Pais*）以及保加利亚的《土地报》（*Zemia*）。

“金色签证”

通俗地讲，“金色签证”指的是居留权甚至是国籍的售卖。这个曾经流行于加拿大与澳大利亚的做法如今在欧洲大行其道。早在2015年国际货币基金组织就曾估计，大约有超过半数的欧盟国家都有各种名目的“金色签证”计划。仅匈牙利一国就有6500名中国公民申请居留，因为匈牙利的成本最低。获得一国的签证意味着可以在26个国家获得准入，而国籍的获得则意味着在整个欧盟地区畅通无阻。截止到2017年，27亿欧元通过“金色签证”计划以投资的形式进入葡萄牙。但这一趋势同中国政府积极推动中国影响力的行为并不相关，相反，签证计划造成的热钱外流正是中国政府想要打击的。

网络威胁

网络攻击和虚假新闻与一国扩大其全球影响力的目标可谓背道而驰。事实上，中国除了其庞大的宣传机器外，并不太可能像俄罗斯那样在境外操纵新闻和频繁使用网络攻击。

值得注意的是，中国和欧洲在谈论各自理解的网络安全愿景时，大家的目标是相反的。欧洲人的目标在于加强个人隐私的保护，而中国人的目标则在于号召各国从总体上加强监控。这很有可能会成为欧盟、各成员国与中国在网络空间和打击网络犯罪上开展真正合作的绊脚石。

杨莉/编译

2018年3月

中国—欧盟创新合作关系：从零和到全球网络

夏添恩等

2018年5月英国皇家国际事务研究所（Chatham House）在其官网发布了由高级顾问研究员夏添恩（Tim Summers）等人撰写的研究报告《中国—欧盟创新合作关系：从零和到全球网络》（EU - China Innovation Relations：From Zero - sum to Global Networks），对中国的创新能力和中国—欧盟创新关系的演进及挑战进行了较为详细的评估，并给出了相关建议。该报告主要内容编译如下。

欧盟对中国的创新能力众说纷纭：有些研究者将创新看作国家间的零和博弈，认为中国是潜在的威胁者；有的则认为中国创新能力由于政治和文化原因远远落后。总体来看，近年来欧盟对中国创新的主流看法有所改观，最值得注意的是欧洲商界的评价，将当前的创新气候描绘成“技术民族主义”（techno - nationalist）。

包括欧盟在内的西方常用国家创新能力排名等方式评估和比较各国创新能力，此类排名虽占据各大报端，却常常忽视了全球化时代创新的跨边界性质。为进一步评估当前中国与欧盟的创新联系，有必要就双方创新能力进行深入了解。“网络”是其中一个根本性的概念，其强调的是仅当创新人员的相互联系超越国界时，创新才能最高效地实现并取得最佳效用。

中国创新能力快速崛起

虽然起步晚、起点低，但中国科技创新在过去几十年中突飞猛进，并已与全球创新网络紧密联系。中国在这些网络中的角色因不同的研究开发类型而异：基础性新技术领域仍为发达经济体所掌控，但新产品平台常源自合作和网络，而得益于更加高效且低成本的劳务，因此中国一直是跨国公司提升产品适应性的重要场所。跨国公司在中国等市场中实现产品本土化，改进产品适应性，这一过程虽无关乎知识转移，但着实有助于中国商业的发展。

基于中国在全球创新网络中的作用不难发现，外国研发中心构成了中国创新系统的重要部分，同时凸显出中国与前一阶段以日韩为代表的东亚发展模式的差异。因为在日本和韩国，科技创新的所有权归本土，产品管理则由一个层级制公司负责。而且中国强调不同于韩国和台湾地区“逆向工程”的“正向工程”，即本土企业可通过使用、维修或将复杂机器拆分为独立组件的方式对现代技术和设计加以研习，其间在本土市场引入并加以改进或调适而后再出口，即模仿—改进—创新—国际化的路径。此外，中国还以国际并购的方式获取技术和品牌，并学习外国投资方式以促进对本土公司资助的创新。

中国创新能力的另一个特征是在政治经济“结构不确定性”的情况下，公司或机构在复杂官僚矩阵中的位置难以预测，其结果是虽然中国在创新领域没有重大突破，但是在包括组织和过程方面的“二次创新”令人瞩目。至于中国缺乏突破性创新的原因，首先是研发开支中基础研究投入比例相对较低；其次是在文化层面对既有学术权威的过度推崇。

评估中国的创新能力，需要将其置于快速变化的发展语境之中。20世纪八九十年代，中国发现直接采用或改造发达国家已有技术和理念的方式更有效率。在工程和机器相关的技术领域，“逆向工程”也非常有效。庞大而快速增长的国内市场意味着对中国企业而言，占据市场份额最快的方式是从外部获取必要的技术和理念，并将这种创新适用于本土市场。实际上，这至今仍然是驱动中国企业海外并购的重要因素。然而，随着现代化和经济持续增长，中国逐渐从技术和创新领域的接受者和适应者的角色演进为特定领域中的全球领导者，重塑着全球创新版图。尽管发达经济体在创新投入和产出方面的地位依然重要，其创新份额却已悄然下降，新兴市场发挥着日益重要的作用。全球创新版图不仅愈发网络化，而且日益分散和多极化，日益多元的新兴经济体都在助力与充实全球创新格局。

中国—欧盟创新关系的演进及挑战

为进一步发展经济和应对可持续发展挑战，包括气候变化和环境恶化等，中欧都将创新列为优先的战略性政策。尽管合作的有效性有待评估，但中欧已经将创新确定为双方的重要合作领域，并已经在科学、技术和创新领域展开合作。而在诸如基础研究、食物与农业、高铁和飞机等制造业和工业技术、可持续城镇化、可再生能源和绿色金融等气候变化减缓措施等领域，中欧仍有很大合作空间有待进一步发掘和深化。

但中国和欧盟的政、商界都有观点认为保留创新成果是维持自身竞争力的重要组成部分。许多中国人认为欧洲商业环境表现出更强的保护主义特征，而欧洲各国政府和企业也愈发担心中国的政策追求“自给自足”而远离开放性。亦有观点认为，随着中国经济影响力和技术实力的日益增长，两大经济体之间的互补性已然让位于更为错综复杂的关系。这实则有碍于创新合作。

面对崛起的中国以及更加分散、多极化的世界，评估双边创新能力愈发复杂。一般而言，发达经济体（包括欧盟）依然占据创新优势，它们拥有数量最多的、在世界范围内占主导地位的研究密集型产业公司。中国企业目前只以较小的投资规模打入少数领域，主要以国际并购的方式增强自身创新能力。

“全球网络是推动创新的最佳方式”这一观点同国家政治与监管间一直存在着潜在矛盾，亟须解决，特别是在当前全球化饱受质疑的背景下，中国和欧盟都不同程度受到民族主义的政治压力，消除创新的国界限制不太可能或者说缺乏政治意愿，政治总是倾向于推动保护或加强“本土创新”。但从长远利益出发，中国与欧盟势必要鼓励创新合作，这不只是因为跨国创新网络能带来最高效的产出，还因为在全球化时代完全的“本土”创新很难付诸实践。

当前中国—欧盟合作创新网络所面临的主要挑战包括以下几点。

第一，在高层协调与个人、机构和企业这种自下而上的联系之间，如何找到最佳平衡。

第二，工业竞争领域的创新关系难以管理，接下来十年双方“重叠”领域只会不断增加，而由此带来的政治挑战则难以估计。因此发展创新网络的过程中，为了保持各企业对创新投资的动力，需要考虑到适当的风险管理。目前跨国公司已经建立了这样的风险管理措施，政府也应继续完善知识产权保护体系。此外，中国还需要着力提升制度能力和培育商业文化。

建　议

中国和欧盟可以通过适当互惠或者加快跨境专利注册和更严格的知识产权保护执法，推动中欧成为世界最大的单一创新市场，有效提升双方所有创新者的回报率。

中国和欧盟领导人应该尽可能地鼓励政策制定者、商业人士、研究人员和公众的开放心态。跳出创新是国家或地区项目这一固化思维，并将其视为一种加强中欧研究者和企业家参与全球网络的方式。这就需要注意避免容易激发保护主义的政府创新目标，如只关注特定技术的市场份额。同时还应该为中国和欧盟国家之间的跨国专利申请提供便利，为研究与创新人员的流动提供便利，如灵活便捷的签证制度、学生交流项目、鼓励研究人员合作及积累全球经验，从而助推研发合作。

刘晓玉/编译

2018 年 4 月

中日竞争的新动态：持续的亚洲基础设施建设

吉松秀孝

《当代中国杂志》（*Journal of Contemporary China*）官网2018年4月发布了日本立命馆亚洲太平洋大学副校长吉松秀孝撰写的文章《中日竞争的新动态：持续的亚洲基础设施建设》（New Dynamics in Sino－Japanese Rivalry：Sustaining Infrastructure Development in Asia）。该文认为亚洲持续上升的基础设施投资需求逐渐形成了中日两国竞争乃至对抗的新动态，并以印度尼西亚高铁项目为例展开分析。文章主要内容编译如下。

自20世纪80年代中日邦交正常化以来，历史恩怨和领土争端就一直是两国构建稳定双边关系的障碍因素。同时随着两国实力此消彼长及对亚洲领导地位的争夺，这两股主要的亚洲力量长期处于竞争乃至敌视状态。随着中国产业国际竞争力的提升，两国在商业领域的竞争也日趋白热化，其典型就是对基础设施建设的投资。本文所探讨的重点就是影响中日两国在亚洲围绕基础设施投资展开竞争的因素及其结果，以及此举可能带来的影响。

中日竞争与亚洲基础设施建设

21世纪以来，对中日关系的审视一般基于中国正在“崛起”而日本正在“衰落”的基调。已有研究主要聚焦于与国家利益及地区秩序直接相关的安全事务、贸易和金融领域。然而亚洲经济发展出现的新走向和区域一体化进程为中日竞争开辟了新领域，基础设施投资即是如此。能够进行基础设施系统出口的国家可以通过在他国获准基础设施项目建设而获得可观的经济效益，同时也能够通过对合作国的支持提升政治影响力，并通过组建新的机构增强地区影响力。一方面，中日双方都希望保持其国内经济活力；另一方面也都寻求地区政治的领导地位，因此基础设施投资势必也确实成为中日竞争乃至对抗的新领域。

首先，中日在区域基础设施投资方案上的竞争。中国对亚洲基础设施投资的承诺在2013年出现重大发展，提出了“一带一路”倡议。与此相辅相成的另一项举措是成立亚洲基础设施投资银行。亚投行作为多边开发银行旨在为发展基础设施和其他生产部门（如交通和电信、能源和电力）、农村基础设施和农业发展提供资金。同时，日本也在“高质量基础设施”的大旗下推进一系列新举措。2015 年 5 月，安倍在国际会议“亚洲的未来”上宣布了构建高质量基础设施伙伴关系（PQI），承诺2016—2020 年向亚洲提供 1100 亿美元的高质量基础设施投资。

其次，成立新机构、拟订发展计划也成为竞争的重要手段。中国主导的亚投行一方面强调其对腐败的零容忍；另一方面则与世界银行、欧洲复兴开发银行、欧洲投资银行等多边机构交换谅解备忘录，并开展贷款项目合作。亚投行的启动对日本主导的亚洲开发银行产生了重大影响，亚开行与日本国际协力机构（JICA）于 2016 年成立了“领导亚洲私人部门基础设施基金”（LEAP），此外还与世界银行、美洲开发银行（IDB）、非洲开发银行（AFDB）等机构开展多边合作。

中日在印度尼西亚高铁项目上的竞争

中国和日本已经参与到亚洲主要国家的高铁建设中，围绕印度尼西亚高铁项目展开的竞争就是最好的例子。印度尼西亚政府计划建设连接雅加达和万隆的高铁，日本通过开展可行性研究并初步承诺 2008 年实施这一高速铁路项目。但新总统佐科·维多多（Joko Widodo）与其内阁认为高铁建设并非政府的优先事项，并重新考虑这一巨额预算项目。2014年11月，维多多发起了“全球海洋支点”愿景，这与中国一直推动的“海上丝绸之路”计划不谋而合。此后在亚太经合组织峰会及2015年3月博鳌亚洲论坛中经多次磋商，中国国家发改委与印度尼西亚国有企业部签署了雅加达—万隆高速铁路建设合作谅解备忘录。同年9月，印度尼西亚政府宣布取消雅加达—万隆高铁计划，改而修建一条中速列车线路，日本和中国再次争夺该项目。日方提案要求政府提供可行性缺口补助，但中方既不需要政府资助也不需要债务担保而是将之作为纯粹的企业对企业的交易。9月29日，印尼政府通过中方提案，该项目成为中国出口高铁一揽子建设、管理和运营的首例。

比较分析之下不难发现，亚洲国家对中国和日本的商业利益和外交姿态做出了战略性回应。坚持避免单方面依赖中国或日本是基本原则。就商业利益而言，两国竞争能够使它们获得更优厚的条件；就外交关系而言，依靠一个国家进行商业联系是不明智的，因为由此产生的不对称依存可能导致政治脆弱性。因此，亚洲主要国家有充分的动机就基础设施发展项目同中国、日本和其他国家签订多样化的合同。

中日基础设施建设竞争的影响

首先，国民经济方面，东盟国家自2009年来在互联互通（ASEAN Connectivity）旗帜下推动了基础设施建设。中日都承诺支持其发展，并维持原有的境外援助，两国的援助也成为互联互通网络形成的关键。另外，虽然支持欠发达亚洲国家的基础设施发展仍然重要，但商业利益也逐渐成为中日两国的重要目标，这主要是因为基础设施出口对中日两国维持国内经济增长的重要性日益提升。

其次，从地缘政治杠杆方面来看，亚投行和“一带一路”的启动与TPP协议所产生的威胁有很大关系。中国认为TPP可能会成为破坏其政治影响力和经济利益的潜在风险。而日本战略的成功高度依赖于与美国的合作关系，但特朗普政府的商业和外交政策始终暧昧。此外，中日在亚洲的个别高铁项目中也嵌入了地缘政治特性。如中国认为印度尼西亚基础设施投资的成功推进是“一带一路”的组成部分，同时也是中国—中南半岛经济走廊的重要节点，是“一带一路”框架下的重要基础设施。

最后，中日间的竞争也体现了两国的发展理念及定位。亚投行和“一带一路”框架昭示着中国重返大国地位的深远政治目标，这些举措背后是中国长久以来对现有国际金融机构治理成效的失望。为实现这一目标，中国寻求建立新的治理机制以支持新兴大国和发展中国家。这也是中国领导人对中国政治圈内越来越强烈的呼吁做出的反应，即全球治理体系应随不断变化的权力分配而转变。日方则是主张高质量基础设施理念，其核心在于通过增强社会复原能力来促进强劲、可持续和平衡的理想增长。日本希望通过重要的国际论坛向全世界传播这些原则，这些原则和主张也得到了国际社会一定的认可。

总体来说，基础设施投资的对抗和竞争对中日关系有着诸多影响。个别项目合同的成功对于支撑中日国内经济日益重要，基础设施投资作为地缘政治的杠杆也同样受到重视，此外两国在基础设施投资方面的参与还都包含了理念构思元素。亚洲地区对基础设施投资的巨大需求仍将持续增长，中日两国应注意寻求现实的方式来促进合作，确定可能的政策协调领域和范围，并通过多国政府、区域机构和私营主体的参与来避免非生产性竞争。

黄志辉/编译

2018 年 5 月

四

政府改革与国家制度建设

重视性别统计以提升公平治理和政府职能转变

陈澜燕

加拿大尼皮辛大学社会福利和社会发展系副教授陈澜燕（Chen Lanyan）通过一项针对性别统计的调研项目，分析了在地方（天津）统计系统中性别统计数字的缺失情况，指出这种情况有可能对地方政府的决策造成负面影响，且不利于治理公平以及政府职能向服务型转变。该文刊载于《中国季刊》（*China Quarterly*）2016 年 3 月号（原题为 Gender Statistics and Local Governance in China：State Feminist versus Feminist Political Economy Approaches）。以下为文章梗概。

在许多国家中，特别是发展中国家和经历过长期计划经济的国家，决策所依据的统计信息是通过逐级向上报告的等级制体系来进行收集的。在中国，集中的统计系统更多地服务于高层政府而不是地方社区。但是，由中央政府建设的统计系统主要关注经济生产和 GDP 指标，而对性别、民族、移民状态和与其他社会标记相关的数据重视不够，妨碍了地方社区收集到反映男性和女性真实生活的数据，也为操纵统计数字提供了机会。有鉴于此，将性别指标纳入统计系统一直是中国官方妇女组织的工作重点，并以“国家女性主义”（state feminist）的思路来推动性别统计的发展。

本文考察了 2008—2009 年在天津开展的一项调研的结果，这些结果证明：尽管“国家女性主义”努力确立具有性别敏感的指标和女性数据库，但是高层政府所设计的许多统计报表仍然没有按性别进行分类。在城市社区、市镇、村庄一级收集的统计数据缺乏性别指标，不利于降低地方政府操纵数据的可能，并会限制中央政府在决策过程中有效地开发和利用全国性数据的能力，更为严重的是，还可能妨碍不同层级地方政府服务社区需求、推进治理公平的能力。基层妇女和社会活动者的积极参与，在人口普查和问卷调查中加入性别敏感的指标，以及上级政府在收集来自地方政府和社区的报告表格中加入按性别分类的数据，将有助于在所有的层面上改善决策水平，使地方政府以事实为依据承担起服务地方需求的职责。

天津调研项目的主要结果

2008—2010年，天津的一些学者在联合国社会性别基金（United Nations Gender Facility Fund）的资助下发起了一项研究，以期发现性别统计对于地方决策者在支持中国实现联合国千年发展目标，以及公众要求政府扩大其服务功能方面的重要性。

调查的主要发现是确认了在报表中性别统计采用上的差距，尤其是那些涉及就业、计划生育、教育、社区管理和政治参与等方面的统计报表。具体而言，研究者发现的主要问题包括：①有关工业生产和就业的报表不包含性别统计数字；②计划生育的报表没有性别敏感的指标；③教育报表中没有男生和女生分别的信息；④社区管理有关解决纠纷的表格只关注事件和记录，而没有包括涉及的人员；⑤有关政治参与和地方治理的报表没有显示女性参与的情况。

调研项目对于上述报表的分析希望达到以下两个目标：其一，对现有指标进行性别分类，以便发现两性之间的差异；其二，加入新的反映不平等的指标，以凸显妇女的现状。调研结果表明，需要将性别敏感的指标整合进统计报表，特别是通过调查的设计以及数据收集和评估，这种做法对于为男女创造一个公平平等的环境非常必要。

从“国家女性主义”到女性主义政治经济学

近期联合国的相关讨论显示，性别统计绝非简单地将数据按性别来进行分类，更重要的是，这些数据为政策取向的治理方法提供了基础。正如上述的调研分析所显示的，只有按性别分类的数据才能解释现存的性别问题，否则这些问题就会被遮蔽。性别统计的数据为更清楚地了解妇女和男性的实际生活情况提供了依据，因此对于统计系统的整体加强和改善也提供了帮助。一旦国家层面统计的相关指标和变量具有了性别意识，它们就可以反映妇女的不同需求，以及揭示性别差异的根本原因。这些数据还可以反映随时间推进所发生的变化，因此有助于监控和评估发展的进程。总之，重视性别统计可以对治理的质量产生影响，因为决策者更好地了解基于性别的不平等，可以致力于克服这些不平等的政策解决办法。此外，如果类似数据可以得到更广泛的传播，使地方政府和基层群众都可以获得，那么政府服务的效率将得到更大的改善。

尽管在“国家女性主义”的推动下，性别统计数字的采集和分析已经取得进展，但仍不足以满足目前对信息的需求，其主要原因是“国家女性主义”将重点放在中央政府的层面上，依赖官方妇女组织推动性别统计数字的采用，推动女性发展和性别平等，但往往忽视基于事实的决策，以及在地方层面改善治理。

在中国官方的讨论中，性别统计和治理公平之间缺乏联系也反映了研究者中存在的分歧，特别是那些隶属于妇女机构的研究者，有些更偏重于对全国性的行动计划进行评估，追求对总体决策施加影响。中国统计体系中性别统计数字的缺失，显示国家统计部门在收集足够可靠、实用和精确数据以提供决策参考方面的长期不足，也可以解读为“国家女性主义”开展性别统计的方式存在问题。不管是在有关统计系统的立法，抑或在一般人口普查和调查的设计和开展上，“性别统计”仍然是一个外来的和陌生的概念。

女性主义经济学方法将决策定义为一个辩论的过程，其中妇女和社会活动家可以通过参与、影响各个层级的决策来行使其公民权，达到推动公平治理的变革。尽管主流的性别统计对于中央政府作为决策依据是必需的，但是动员社区的和个人的社会活动家来记录村庄和社区的具有性别敏感的数据，以督促政府承担职责，影响地方层面的变革，实现人人平等和福利，也同样重要。

就这个意义而言，女性主义政治经济学的视角要比“国家女性主义”的视角更为全面和有效，由于它是通过基层动员而不仅仅是通过国家层面的统计学家和决策者，推动了性别统计的利用，以揭示妇女的地位及需求。承认地方妇女、社区活动家和决策者既是性别统计的生产者，同时也是使用者，以此克服国家女性主义进路的不足，推动以事实为依据的决策，并对克服不平等的政策落实情况进行监控。通过政府更为透明的和考虑周全的政策，来取得平衡的、科学的和协调的管理与发展，或许是走向科学管理的第一步。中国政府应该将社会统计数据与官方统计系统协调起来，使性别统计数据的收集更好地服务于政府服务的扩展。

刘霓/编译

2016 年 4 月

中国式产权制度的可能优势

肖恩·戈德芬沙

2016年第3期《亚洲研究评论》(*Asian Studies Review*)发表了英国坎特伯雷大学肖恩·戈德芬沙(Shaun Goldfincha)教授的论文《模糊的优势？中国转型期间的发展、规则制定和财产权》(The Advantages of Ambiguity? Development, Rule Formation and Property Rights During Transition in China),该文一反西方传统见解,提出在对私人财产权缺乏保护的情况下,政治和社会网络可以提供备选的财产保护方法从而使经济得以发展。通过将中国作为个案进行分析,作者主张,集体的、有争议的、模糊的或者没有得到合法限定的财产权,以及国家在经济中扮演主要角色,并没有导致经济发展失败。尽管规则尚不明晰且存在讨论的空间,然而这种模糊甚至可能产生某些优势,使得转型中的创新和实验得以进行。该文摘要如下。

本文所讨论的模糊主要是指,第一,在转型经济中正式的和非正式的规则都是模糊的,政策方向要服从于变化,也就是说,模糊为制度形成中的创新提供了机会;第二,企业家和政治家之间紧密的关系网络为绕过繁杂和无益的规则提供了诸多途径,并可以整合资源以取得商业发展;第三,西方传统发展模式将财产的确定性、正规化和私有化看作积极的终极状态,然而正如模糊在某些情况下可能具有优势一样,正规化和确定性也可能造成损害,尤其是对于那些发现自己的财产被剥夺的非精英群体而言;第四,中国的实例还对这样的一些假设提出了质疑,比如把包括国有制在内的各种所有制形式同经济效率低下和各种业绩不佳关联起来。

发展理论中的个人财产权

财产权在经济发展中的作用总结起来大致如下：第一，依法确认的清晰的私有财产权对于经济发展而言是根本的；第二，需要一个有担当、合法和理性的政府来实施和维持私有财产权，然而其在经济中的作用需要被极大地限制，因为国有企业先天低效，而国家具有掠夺倾向，国有制对于发展不太有利，也就是说一个受到约束的或许是最低限度的政府是最理想的；第三，尽管需要谨慎做出论断，但认为私有财产权可以为穷人提供经济方面的帮助，或许是通过几代人，或是通过中长期的某种涓滴作用（trickle－downeffect），当然也可能是更加直接的作用；第四，相关的政策处方是使私有财产权和相关的制度正规化，限制政府权力、规模和对经济的参与，包括通过私有化和设计“良好治理”以及“好的”制度。

中国的情况虽有所不同，却经历了非凡的经济增长，一跃成为世界第二大经济体。中国有着多种所有制形式，这些都成为经济发展的重要因素。中国的政府并没有按照新自由主义的信条和达成良好治理的处方那样受到约束。与其说是自由市场发挥了经济发展的引擎作用，不如说是国有或国有控股企业仍然处于重要地位，其影响力不仅在于所有制，而且通过引导、通过政商网络以及企业集团而得到扩展。此外，私有制的确立和正规化对穷人有好处的观点也受到质疑，因为私有化和对乡村土地和集体所有企业的重新分配造成了一些相对和绝对的社会经济弱势群体，而集体所有制一直包含的社会支持和收入再分配的要素，也在转型当中消失了。

中国农村的集体产权

在中国，农村土地一般被视为集体所有。这对传统论述提出了几个挑战。首先，集体所有制与农业产出和生产力的稳定增长是共存的，同时减少了贫困，并提供了就业和社会保障；其次，集体所有制帮助农户与市场对接，并提供了一定程度的财产保护；再次，集体土地的私有化和个体化对穷人并非完全有利，有时似乎还有反作用；最后，也是最具争议的，即集体所有制在农村地区一直以各种形式与成功的乡镇企业相关联，包括（但不仅限于）在面对制度和政治议程的缺席或可能的麻烦时提供了某种保护。

各种形式的乡镇企业所有制是中国模式对于传统模式的一个中心挑战。在有些论述中，乡镇企业被认为是经济发展的主要驱动者，尤其是在20世纪80年代。当时这些企业占到工业生产的大致1/3，为爆发式增长、减贫以及增加收入做出了巨大贡献。

在转型期间缺少明晰的产权规定，有助于地方企业在复杂和变化的环境中发展商业，模糊性使它们规避或置身于可能的觊觎之外，同时编织了政治和社会的网络以提供某种保护以及增加市场机会。

因此，模糊性有助于转型环境中规则的制定和形成。如果规则不甚清晰或是尚未到位，政治、社会生活以及错综复杂的亲属关系网络便得以编织（这些网络本身有时也是模糊的和不确定的），寻求构建、限定和解释对它们有利的规则。集体的财产权在某些情况下对于经济发展是优势，特别是在转型国家。

国家所有权和控制权

在标准模型中，发展中国家将仿效英美模式，低效的国企将会被更具竞争性和高效的独立民营公司实体所取代。然而同样的事情在中国并非如此简单。首先，并不存在不可避免的私有化潮流，有些研究（尽管存在争议）指出，国有或国有控股企业模式近来已经变得愈加重要了。其次，有不少证据显示国有或国管企业在面对各种比较业绩的衡量时并非处于劣势，它们（国有企业）并没有明显地丧失效率，至少在中国是这样。中国政府的地方和分权形态，以及地区间的竞争程度，为规则、商业形式和发展的实验和创新提供了空间，可以发现“新的市场补位者

（market niches）……创造性的观念和新的方法”。

在中国，国家仍然保持着主导的或者是支配性的商业角色，政策方向也在不断发生变化。有些行业仍然是由国家控制的，私有化一直是在门槛低、允许竞争的经济部门，具有天然垄断、高资本需求或是政府规制的领域，国有企业的主导地位并未受到多少侵蚀。此外，有分析指出，中国的私有化更多的是将资产从中央向地方政府转移，只关注正式所有权可能是没有抓到要领，控制权超越于所有制，不一定完全国有，但国家拥有控制权。

中国的情况还对私有制企业必然业绩更好的观念提出了质疑。有些研究发现，在20世纪80年代，民营企业的普遍表现不如国有或集体企业。在包括盈利能力、生产率和市场价值等方面的比较研究中，也发现中央一级的国企是表现最好的，地方政府所有的企业次之，而私人控制的民营企业则比上不足。国有制一直是并仍将是中国经济成功的重要因素，因其有能力进行改组而取得更大的技术效率。而且在有些地区，国有企业还一直是并仍将是社会服务的重要资源，它们不仅是经济单位，还是高度嵌入社会和政治生活的组织，提供各种社会服务。

总而言之，在众多领域，直接或“自发的”国家管控持续发挥着“构建和谐社会”的作用。权力、政治和内嵌式网络尽管模糊和多少有些不稳定，但是可以为经济发展提供途径，同时有助于新的规则的形成。

结论：中国、规则制定及其对经济发展的影响

如前所述，政策或许还有模糊性，但同样可以对发展产生重要影响。在中国的经济发展中，私有制似乎并未发挥所谓正统模式所描述的作用，反而是不太明确的、模糊的或者集体性质的财产权使得政治部署、集体行动以及各种亲属和政治关系网络得到利用，抵制了掠夺和破坏的力量，在转型期进行创新并找到新的空间。因为如果规则是不清晰的、界线是不固定的，就可能存在缺口以从事实验，规则可以重新制定、重新解释和重新打造，以促进经济发展。中国1978年以后快速的经济和政治转型恰好提供了这样一个机会。

就普遍情况而言，或许中国的经验是个例外，的确，未来的轨迹很难预测，现在分辨良莠还为时尚早。中国经济和社会发展中出现的问题和矛盾或许会导致增长衰退甚至逆转。即便如此，对于与工业化西方迥然不同的中国的经济发展仍需认真研究，否则可能会忽略了这一发展对西方传统发展模式和制度建设提出的其他挑战。

刘霓/编译

2016 年 6 月

中国干部任用制度的政治演变

高原明生

2017年5月18日，日本外务省下辖的国际问题研究所在其官网上公布了题为《中国的国内情势与对外政策》的研究报告。该报告的编写历时两年，其中专门针对十八大以来中国国内的经济政策调整、国企改革的推进、机构设置的情况，以及干部任用制度的演变等，逐章做了专题式分析，以期为日本的外交实践提供强大智力支持。其中，日本当代知名中国研究学者、东京大学教授高原明生承担了“中国干部任用制度的政治演变”一章的写作，集中分析了近年来中国干部任用制度的变迁，通过比较不同时期改革的侧重点，进而理解干部行动背后的逻辑与动机。我们选取该章节予以编译如下。

自王朝存续时代起，理解中国的关键就离不开“官僚科层制”。1949年，当中华人民共和国成立时，中国共产党便借鉴了这一世界上最古老的官僚科层制传统，在中国的广袤大地上构建了一套党领导下的干部选拔任用体系。这套体系经过不断的改革与完善，如今不仅在行政部门得以贯彻，还成为高校、国企等非政府机构的运行逻辑和保障，甚至整个社会都被其影响所渗透。在这样的社会体系中，遵循什么样的制度来选拔和任用干部自然成为一个极其重要的问题。对此，中国共产党形成了一套适合自身的组织路线，并在实践中常常与党的意识形态和政治路线互相联系。本文分析了十六大以来干部选拔任用制度的变迁，从而考察变化背后的政治动因。

2002—2012 年干部选拔任用制度的改革

2000 年 6 月 23 日，中共中央办公厅发布了《深化干部人事制度改革纲要》，纲要对 2001—2010 年干部人事制度改革的基本目标、方针原则、改革重点等做了明确规定，提出要在十个方面深化改革。该纲要是根据 1995 年颁布的“暂行条例”并结合之后中央组织部的诸多改革实践经验制定而成的。2002 年出台了新的《党政领导干部选拔任用工作条例》（以下简称《条例》）。与七年前的“暂行条例”相比，新条例做了细微却重要的调整。具体而言，1995 年的条例规定选拔任用党政领导干部必须坚持以下六项原则：第一，党管干部的原则；第二，德才兼备、任人唯贤的原则；第三，群众公认、注重实绩的原则；第四，公开、平等、竞争、择优的原则；第五，民主集中制的原则；第六，依法办事的原则。而 2002 年的条例虽基本承袭了上述主要精神，但对第二条原则的顺序做了变更，即从“德才兼备、任人唯贤的原则”改为了“任人唯贤、德才兼备原则”。中共中央公文表述顺序的变化往往意味着政策重点的变更。换句话说就是，在中央组织部看来，干部选拔任用过程中的徇私舞弊、任人唯亲仍是妨碍暂行条例公正执行的主要问题。一方面，在干部选拔的具体程序上，虽与暂行条例基本相同，但 2002 年的条例做了更详细的规定。另一方面，如在干部考察环节，要求全面考察德、能、勤、绩、廉的同时还注重考察工作实绩，并新增了对干部廉洁情况的考察，也从侧面反映了当时问题意识的提升。

根据《条例》，新的干部选拔任用制度提出了公开选拔、竞争上岗的竞争性原则及一般运行程序，主要适用范围为地方党委、政府部门，以及党政机关内设机构的干部选拔。条例出台后，各地、各部门展开了多种形式的实践，总体来说分为三类，即“公推公选”“公推直选”以及竞争性笔试、面试基础上的演说，并经全体党员投票或评委会评分产生。尽管各地在实践中各有调整，但基本的思路是相通的，即改变干部选拔任用中“一把手”的“一言堂”，严格遵循既定的程序和规则，提高干部选拔任用的透明度和竞争性。2006年《党政领导干部职务任期暂行规定》印发，自此正式确立了中共中央、全国人大常委会、国务院、全国政协的工作部门和工作机构及县以上地方党政领导成员的任期制度，即一届五年、同一个职位最多不超过两届。

干部选拔任用制度更加透明化的另一重要体现是，在2007年和2012年两届党代会召开前数月，党内就中共中央政治局组成人员的预备人选进行了民主推荐。据《人民日报》报道，2017年6月25日，十六届中央委员、中央候补委员和有关负责同志400余人参加了十七届中央政治局组成人员预备人选的推荐会议。民主推荐出的人选距离最终名单的形成虽然还要经过组织考察、反复酝酿和多次听取意见，不过投票制度的导入，其出发点是将竞争要素导入干部选拔任用过程中，同时也意味着向权力交接制度化迈出了重要一步。

此外，另一项重要改革是提出选人用人中的“德才兼备”原则。干部选拔任用过程中，德与才哪个优先？虽然在20世纪80年代末曾对“生产力标准”进行反思，但改革开放时代的组织路线基本是重才的。2008年，胡锦涛在全国组织工作会议上明确提出了选人用人要坚持“德才兼备，以德为先”原则。这一变更的背景，正如时任中央组织部部长李源潮所指出的，随着社会主义市场经济的发展，一些干部的理想信念易受到西方价值观的影响而产生动摇，少数干部群众意识淡漠，放松党性修养，甚至走上腐败堕落之路等。他还明确提出了干部选拔任用中“德”的评价标准，主张在干部选拔任用中不能单纯依赖投票的得票数、年龄、学历和演说。

十八大以来干部选拔任用制度的改革

2013年6月，全国组织工作会议召开，习近平在会上提出选拔好干部的五个标准，即“信念坚定、为民服务、勤政务实、敢于担当、清正廉洁”。这些相对抽象的标准并未涉及干部的竞争性选拔。2013年11月，中共中央做出了全面深化改革的决定，在《关于进一步深化干部人事制度改革的规定》中，指出要“发挥党组织领导和把关作用，强化党委

（党组）、分管领导和组织部门在干部选拔任用中的权重和干部考察识别的责任”，“坚决纠正唯票取人、唯分取人等现象”，再次强调要按照前述习近平所倡导的五点标准选拔干部。遵循这一改革决定，中共中央在干部管理中强化了党委的领导，不再鼓励公考或公选，干部公选的实践也随之基本终结。这是一个细微但重要的变化。

带来这种变化的原因主要有以下几点。第一，公开竞争和选拔干部弱化了党组织对干部的管理权限，且经过“自下而上”投票选出的干部很有可能认为自己比一些“自上而下”任命的上级领导拥有更多合法性基础，易在上下级党政机构间造成矛盾。第二，公开的竞争性选拔本身也存在一定的问题。例如，繁杂的手续带来高成本，选出的干部上任后的工作成效也未必尽如人意，还有跨地区跨省的“公选”干部“水土不服”而不能团结本地干部等。此外，一些干部为了能够顺利当选，可能将精力和资源用于收买其他干部，导致派阀的产生。第三，要在干部选拔任用的制度化和考察标准科学化的问题上加强问责。相关学术调查和研究指出，在省级政府以下，GDP、财政收入等经济指标与干部晋升之间呈现强相关性，但对省一级官员的晋升没有直接作用。习近平推进的反腐败运动，其中一层意义就是要杜绝买官卖官的腐败现象。

小　结

分析 2002 年以来干部选拔任用制度的变迁，推动其演变发展的主要动因可谓有三。

其一，社会现代化的推进。现代化对效率、可预测、公平、廉洁的要求，不断促进了选人用人制度的公开和透明。然而，以制度化和公开性为目标而导入的各类条例无一不遭遇了实施难的问题，改革也未能彻底消除任人唯亲、人情主义以及买官卖官现象。

其二，不断强化党的领导和保持清廉的政治考量，表现就是不断强化党组织对选人用人的领导权。这也是党的意识形态和组织部门维护和贯彻“党管干部”原则的利益与意向所在。与此同时，市场经济的发展及其对意识形态的挑战也对不断增强党的纪律性提出了新的要求。

2002—2012 年一方面提出以德为先；另一方面积极推进干部选拔任用的制度化和公开性，正是对这种必要性的回应。

其三，用人权是党中央最大的执政权之一，党的十八大以来对选人用人导向与思路的改革以及对党组织控制权的强化，包含了通过改革干部选拔任用制度来巩固执政基础的意图。

袁静/编译

五

社会问题与社会治理

中国的食品安全问题与规模政治

约翰·安田小次郎

宾夕法尼亚大学当代中国研究中心的学者约翰·安田小次郎在2015年9月号的《中国季刊》（*China Quarterly*）上发表了一篇题为《为何中国尚做不到食品安全：规模政治》（Why Food Safety Fails in China：The Politics of Scale）的论文。作者在文中评估了中国政府的四项规模管理举措：食品安全协调机构、食品安全行动、农业生产示范区以及监管权再划分，并指出中国食品安全体系的失灵源于规模政治。以下为文章梗概。

尽管中国政府不懈努力，但其食品安全体制仍暴露出无序性特点：微生物危害无力约束、供应链管理薄弱、政策缺乏协调。

长期以来，中国的食品安全管理问题中一直存在一个被忽略的层面——规模。由于生产者数目庞大，地理、气候及社会经济条件差异明显，中国各地的生产实践相去甚远，生产者往往漠视与当地生产实践不一致的中央政策。同时，中国的规模问题也在一定程度上引起了国家能力的缺位——无法在本就臃肿的体系中增加新的机构进行管理。

中国的食品安全失灵应该被理解为食品安全体系规模过大以及相伴而生的规模政治的结果——由于政府力求在标准治理框架与当地制度的多样性之间寻求平衡，即食品安全体系在提供严格标准化的同时，还要适应广泛存在的各地食品生产的多样性。因此，发展出一个能够有效解决规模问题的监管体系成为一项严峻的挑战。无论是中央集权还是地方分权都不足以应对规模政治。缺乏中央政府强力协调的地方分权战略将会加剧各省之间的冲突；而以中央集权处理食品安全又常常与地方食品安全的现实相脱节。

中国的食品安全体系一直饱受规模之苦，如监管能力不足、上下级各政治单位标准不匹配，以及中心与外围地区间的委托—代理问题。与西方国家相比，中国地广且许多地区欠发达，省与省之间的食品生产实践差异性大。此外，中国还缺乏一个类似联邦式的框架来为监管一体化提供更加清晰的模板。最后，中国庞大的人口现实迫使其政府更重视食品的大规模生产而非食品安全。

中国的食品安全监管体系在很大程度上是为了应对危机而发展起来的。当前四项主要的规模管理策略都遭遇了不同程度的挑战：协调机构面临地方整合的问题；生产示范基地无法做到全国一体化；食品安全专项行动缺乏制度化；监管权再划分经验难以推广。

集权与协调

中国首个主要的食品安全计划是建设并加强中央级别的协调机构，为相关的各大部委制订年度工作计划，推动不同部委、地方各级政府之间的沟通，并处理日益增加的官僚地盘之争。当出现不可抗拒的管辖权复杂性问题、地方的蓄意阻挠、多个标准与规则时，作为规模管理策略的监管控制集权化能越过制度的多样性，优先处理标准化需要。

迈入21世纪后，中国已经建立起了多家协调机构，以调控其碎片化的食品安全监管机构。最新一家协调机构是2013年成立的中国食品药品监督管理局（CFDA），其效率还有待全面考察。尽管在诸如上海、宁夏等一些地方，协调机构运作极为高效，但大部分地方的协调机构运作面临如下问题。

“协调”概念的模糊性导致实施困难

省级、县级与镇级的官员很难理解食品安全管理中协调机构应当发挥的作用。首先，“协调”在现实层面上到底包含什么内容，存在不确定性。其次，在各级食品安全机构中，“协调”本身是个“软目标”，很难评估。最后，除了名义上成立委员会外，绝大部分监管官员并不真正清楚如何在实际中协调食品安全监管活动，而食品安全委员会职责的模糊性又因法律基准的缺失而进一步恶化。

新的协调机构未能整合并融入既有的地方监管框架

由于协调机构并没有在实际上取代原有的部委，机构之间的紧张与监管活动的重叠始终存在。就政策设计而言，通过协调机构集中管理食品安全，实际上剥夺了地方参与者的权利。在标准化过程中，食品安全委员会没有做到整合各方利益，反而使得食品安全政策的实施复杂化，并忽略了使食品安全风险管理符合地方实际的真正需要。

农业示范基地

如果说协调机构强调的是标准化，那么地方农业示范基地则是寻求利用多样性以解决规模过大的问题。通过地方指导下的农业示范基地将监管控制权分散，能在以下几个方面处理规模效应所造成的问题。首先，监管者不再需要制定复杂的全国性法律，而只需将监管权委托给地方政府。其次，分权能够鼓励地方创新与跨地区的学习。最后，巡查员能够利用对当地情况的了解辨识出生产者的违法行为。中国官员将农业部门的现代化视作解决食品安全危机的关键，其潜在逻辑是通过农场的扩大与科学程序的采用来解决食品安全问题。

然而，这样的政策设计也存在问题。

地方引导的生产示范区能否与国家的食品安全解决方案达成一致存在不确定性

地方农业项目的差异会导致地方之间的监管差异，也会加重跨省监管问题：各省采用的标准可能存在冲突，检测程序也可能相互矛盾。

各异的地方标准与国际普遍支持的新兴安全标准相冲突

地方标准或许确实在某些方面促使生产者循规蹈矩，但这些标准不能与国际最佳实践相冲突。缺乏中央指导的地方性试验可能导致严重的食品安全协调问题。

总而言之，分权式的规模管理战略利用地方创新来推进人们对食品安全的重视与维护。不过，赋予地方的这种灵活性，也造成了全国监管整合的问题。地方标准的差异或可导致监管冲突，此外地区解决方案也可能会失灵。

食品安全专项整治行动

作为一个规模管理策略，专项行动在一个多样化大国的治理中是极具成本效应的。事实上，这些专门的举措至少短期内在全国范围内确保了政策一致性。

食品安全专项整治行动可以被大致分为以下三类：其一，严打行动；其二，政府整治行动；其三，节日检查行动。就可行性而言，食品安全专项行动对于在高度多样化的食品生产大环境下重新调整激励措施成效显著。然而就政策设计而言，专项行动放弃了制度建设，通常会同长期理性的监管发展相冲突。密集行动中断了日常的监控与监测工作，中央政府这种应急式手段也不能反映地方食品安全问题的真正关切。

监管权划分

早在20世纪90年代，出口部门就发展起一套独立于国内体系的专门的监管制度。出口部门的食品安全受到国家质量监督检验检疫总局的监控，质检总局通过一个严格的执照系统限制出口商的数量，并使这些出口工厂接受额外的监控与巡查。

然而，监管权划分回避了食品安全治理的挑战，也没有解决中国的规模问题。事实证明，由于中国地大物博，各类生产基地面临的市场条件差异性大，将一个建立在监管权划分基础上的体系推广至各类生产基地，面临重重问题。

国内部门的监管人员并不具备出口部门监管者的那种危机管理意识

国内部门的监管人员与出口部门的同行相比，专业性不足，他们对并不熟悉的产品设定了毫不现实的食品安全高标准，并抗拒从声誉良好的生产商那里引进新的产品，也不愿意将对监管程序的控制权让渡给技术专家。

国内生产商难以适应真正的高标准、严要求

中国国内的生产商存在诸多问题，如教育水平低，不了解全球食品安全标准以及缺乏供应链管理的相关经验。地方上的生产者十分抵触大型跨国公司这种过度的、宣传不够又成本极高的监控计划，强行推进出口部门的标准只能导致大多数农民破产。

结论及建议

中国的食品安全问题反映出其规模管理框架无法满足现代监管治理要求的现实。在政策实施上，为方便地方政府因地制宜地落实法律，国家法律编写得十分宽泛。然而，中国的食品安全体系在标准化要求与地方监管自治上很难实现有效的平衡。中央与地方间的不确定性也无法实现清晰的监管责任划分。随着中国的国际贸易伙伴越来越强调全球标准，中国也应在其国内市场中有样学样。

中国的决策者或能在欧盟的食品安全多级举措中找到参照系，中国可以采取类似的方式，将中央政府的权威集中在“国内共同市场”的管理上，进而积极推动省级食品安全体系的整合。在符合国家食品安全最低标准的条件下，各省将获准发展其自身的食品安全体系。各省可以在中央级别的决策机构中就共同市场的发展、风险评估与政策执行等陈述自己的意见。

杨莉/编

2016 年 2 月

老龄人口中财富与健康的联系：中印比较

考沙伦德拉·库马尔等

死亡率和生育率的双重下降导致世界范围内60岁以上老龄人口的规模不断增大，而这一人群的特点通常是经济资源有限、健康状况不佳，且在获得医疗服务方面处于劣势，因此导致他们在面对各种健康问题时呈现脆弱性。2016年第7卷《老龄经济学杂志》（*The Journal of the Economics of Ageing*）发表了印度国际人口学研究所4位学者和世界卫生组织专家的合作论文（Association between Wealth and Health among Older Adults in Rural China and India），利用世界卫生组织有关全球老龄化与成人健康的研究数据，考察了中国和印度农村老年居民经济状况和身体健康程度之间的关系。该文摘要如下。

全球60岁及以上老龄人口正以前所未有的速度增加，而其中的一半以上生活在亚太地区。2010年亚太地区老龄人口的数量为4.38亿人，预计到2050年这一数字将增至12.6亿人。而印度和中国作为世界上两个人口最多的国家，也将成为老龄人口最多的国家。目前印度和中国两国的人口总数占世界总人口的31%，而60岁以上的老年人口占到世界总数的37%。

老龄人口的膨胀对于个人、家庭和社会而言既是机会也是挑战。卫生保健和医药的进步使人们活得更为长久、更为健康，然而，老龄人口比例过大也导致了诸多困难局面的出现。从经济角度而言，强制退休年龄、农村向城市移民以及家庭结构的变化都给老年人造成了困难。而越来越多的老龄人口也意味着劳动力人口比重的下降，对于照料、社会保障制度和基础设施有了更多的需求。在中低收入国家，老龄人口对制度提出的挑战要更为严峻，因为与发达国家相比，在发展中国家特别是其中的农村地区，老龄人口的贫困要更为普遍。

现有文献中有充分的证据显示，健康和财富之间存在联系。研究证明，人的社会经济背景、收入、教育、职业和健康之间有着明显的相关性，相应的经济状况是人们健康状况的一个重要的决定因素。来自中国的若干研究也在老龄人口的财富与健康之间建立了联系。其中一项研究发现，大约1/4的老年人生活在贫困线以下，1/3以上的老人还要为生计奔波，而大约40%的老人自述有抑郁症状。至于生活在农村地区的老年人情况则更为糟糕，因为他们的教育水准和收入水平都更低。此外，他们就医和获得预防性保健服务的比例也很低。

2007—2010年在中国和印度开展的“全球老龄化和成人健康研究”［Study on Global AGEing and Adult Health（SAGE）Wave1］以2706名印度人和3623名中国人的样本规模，考察了中国和印度的农村老年人口中财富状况和身体健康之间的联系，力图证实身体健康状况会随着经济条件的下降而出现递减的假设。

农村老龄人口的健康状况是这一分析的因变量。利用失能框架（disablement framework），将老年人的健康状况分为活动性疾病、肢体障碍、功能受限以及残疾四种类型。而作为自变量的家庭财富状况则被编码为5类：经济状况最差的20%的家庭被编码为“最贫困”，其次（20%）为“比较贫困”，中间20%为“中等”，条件稍好的20%为“较为富有”，经济状况最好的20%为“最为富有”。由于研究所分析的是居住在农村地区的60岁以上老人，因此上述5个类型中的任何一个都不是严格的20%的家庭。其他自变量包括年龄组、性别、家庭规模、教育年限、婚姻状况、身体活动能力以及职业等。

数据分析的结果清晰地显示，在中国和印度，农村老龄人口当中财富和健康之间的确存在相关性。研究结果还显示，在老龄人口当中，财富不均等所导致的健康状况差异随着年龄的增长而有所扩大。之前曾有研究指出，收入不平等和健康之间的关系或是不存在，或是不确定，然而本研究的结果与此刚好形成对照。更令人感兴趣的是，这一研究结果涉及的是两个中等收入大国的老龄人口。中国和印度是数量庞大的老龄人口的所在地，两国的政治、社会和经济环境截然不同，因此这一成果在相关研究文献中具有特别的意义和地位。

研究显示，经济不平等在中国和印度的农村地区不仅存在，并且经济不平等方面的少许变化或者收入水平的下降对于个人的总体健康状况都有着巨大的影响。印度1991年之后的经济自由化和城市地区就业机会的深刻变化加速了人们从乡村向城市地区的迁移，将大量老年人留在了农村地区，这些老人得不到家庭的支持，经济保障水平很低。相对而言，中国老龄人口的总体健康状况要好于印度，虽然同样存在健康方面的经济梯度（economic gradient）。然而，计划生育政策导致的低生育率使得中国老龄人口已经占到总人口的15%，这一比例到2050年预计将达到33%。在这种情况下，年迈的父母可能缺少子女的照料，家庭内部的代际联系日益削弱，经济状况较差的农村老年人可能就会更加脆弱，面临收入不平等所导致的健康恶果的风险也更大。

具体的数字显示，不管是在中国还是印度，财富程度较高的人群中前述4种身体情况的报告率均较低。印度的调查结果显示，由于经济因素导致的活动性疾病、肢体障碍和功能受限的程度较之残疾更高；在中国，则是后三项更高一些，而活动性疾病稍低。在中国和印度，健康状况的测量还呈现如下一些相似点和差异。总体而言，两个国家的老龄人口中都报告有较高的健康问题，健康和财富之间均呈现明显的负相关，然而，在印度，4种疾病的报告率明显地要高于中国，此外，中国农村地区“最贫困”的1/5人口的身体状况要比印度“较为富有”那1/5人群中的大多数人还要好。在两个国家中，活动性疾病、肢体障碍、功能受限以及残疾患病率上的差异很大程度归因于这两个国家应对经济不平等的方式和各自的卫生系统处置健康问题的方法。印度努力地为其广大人口提供最基本的医疗保健，并尤其关注农村地区的人口。而中国在改善其全民健康方面要比印度更为成功，其提高基层医疗水平的努力已经取得成果。更为重要的是，在中国，政府承担大部分的保健成本，其总体的卫生开支要比印度更高；在印度，医疗保健则主要由个人现金支付或出自私人医疗保险。

根据联合国报告，2011 年印度年龄在 60 岁及以上的 1 亿老年人中有 2/3 的人报告有慢性疾病，至 2050 年这一数字可能增至 2 亿人以上。随着中国人口的老龄化，糖尿病、心脏病、癌症和关节炎等疾病风险日增，2030 年非传染性疾病的负担将增加 40%，中国老年人的医药费用远高于其他年龄段的人群，未来可能会占中国总体卫生支出的 50% 以上。鉴于中国和印度的老龄人口不断增长以及罹患非传染性疾病的风险不断加大，本研究呼吁，老年人口中因经济不平等所导致的健康问题迫切需要得到关注，此外，应该收集纵向数据以便更好地认识在诸如中国和印度这样的发展中国家财富和健康之间的关系。更为紧迫的是，两个国家亟须制订公平的老年保障计划，以为这一人群提供物质的、社会的和经济的支持，特别是对在经济上处于弱势的农村老年人群体，唯此才有望保证中国和印度农村的健康老龄化。

刘霓/编译

2016 年 5 月

改善教育公平需更精确的政策设计

罗朴尚等

不管是发达国家还是发展中国家，让年轻人拥有平等的大学入学机会都是决策者关注的重要问题。中国政府已经通过帮助更多的农村学生升入大学来改善教育公平。然而政策设计者还应意识到，大学入学机会的不平等可能在更早的求学阶段就已经埋下了伏笔。《中国季刊》（*The China Quarterly*）网站刊载来自斯坦福国际问题研究所罗朴尚（Prashant Loyalka）等学者的论文（Inequalities in the Pathway to College in China：When Do Students from Poor Areas Fall Behind），通过对初中到大学这一升学过程中的三个关键节点的分析，探察高等教育机会不平等逐渐形成的过程，指出消除义务教育阶段的不平等对于更为均等的高等教育机会是至关重要的。该文摘要如下。

大学入学机会不平等，贫困学生不能进入大学，这是许多国家的决策者和研究者关注的一个重要问题。鉴于上大学可以增加个人的经济收益，因此高等教育的不平等还会导致经济的不平等，放大个体之间的社会和经济差异，并对未来世代产生影响。因此，大学入学机会的不平等可能会深入影响国家未来的经济发展和社会稳定。

中国政府已经通过诸多措施缩小大学入学机会上的不平等，例如扩大招生规模、为贫困学生提供补助、开创在线的信息平台（阳光高考），甚至一些地区和省份还设计了加分政策，以便贫困生更易进入大学。

尽管有这些努力，但是研究仍然注意到现有政策并不足以减少大学入学上的不平等。其中的重要原因在于，目前的政策主要集中在那些已经成功地完成高中学业的学生，或是已进入大学的学生，而不是那些还处于小学和初中阶段的学生，也就是说，政策是在帮助那些有意愿并有能力完成初级阶段教育的贫困生。但是事实是，高等教育机会的不平等并非局限于大学的升学阶段，而是在更早的教育过程中就已经显现并逐渐积累。特别是在中国，走向大学的道路是单向且封闭式的，一旦错过了其中任何的节点，要想重返这条路就很困难。因此，只有对学生进入大学之前的整个求学过程进行综合考虑，了解贫困生在哪些节点上易于错过或难以逾越，针对性地制定政策和计划，改善高等教育不平等的努力才能更为有效。

很多研究文献已经证实，高等教育的不平等是由多重的不平等累积而成。例如，儿童早期的健康和教育对于人力资源的培养很重要，然而文献显示，在中国农村有48.8%的婴幼儿贫血，这降低了他们在童年时期的认知能力和运动技巧，并可能影响他们的长期发展。此外，只有15%的农村近视儿童佩戴眼镜以矫正视力，这是造成他们学习成绩不佳的一个诱因。在早期教育方面，只有43%的农村学生可以获得幼儿教育，而城市地区的这一比例达到90%。此外，在农村贫困地区，更有25%的学生在初中阶段辍学。

虽然上述研究关注到了小学和初中阶段教育上的不平等，然而对“后义务教育”阶段不平等是如何出现的研究仍然较少，而这是尤其需要给予关注的，因为这个阶段之后的教育不再是强制的。

本研究在义务教育之后和高等教育之前遴选出三个重要节点，第一个节点即为获得高中教育。因为在中国，上高中是大学录取的必要条件。在这一节点有两个可供衡量的指标，即指标A：学生是否选择参加中考；指标B：这名学生在中考的成绩如何。第二个节点是进入高中学习。在这里同样有两个指标可以考察，即指标A：学生是否被高中录取；指标B：是否选择参加高中会考，因为参加会考是完成高中学业的关键。第三个节点是进入大学。与高中录取类似，大学录取完全看高考成绩，如果学生选择不参加高考或是高考分数不够，他们就不能上大学，因此这里的指标是A：是否参加高考；B：高考成绩如何。

利用超过30万名宁夏学生的教育数据，本研究评估了上述每一个关键节点对于上大学机会影响的程度，评估发现，在后义务教育阶段的多个节点上都存在不平等。首先，来自贫困地区的学生，其高考分数要明显低于来自非贫困县的学生，而低分数意味着他们不能进入大学。其次，研究注意到，来自贫困县的学生倾向于上高中的比例更低，而且他们中进入普通高中读书的人明显更少。最后，分析显示，在后义务教育阶段最大不平等的根源出现在从初中向高中的过渡期，主要原因在于，很多学生不愿意参加中考，并不是他们的考试分数低，而是因为在考试之前他们就放弃了。

当然，不平等的累积甚至可能在义务教育阶段就开始发生。虽然小学的辍学率还是很低的，但是调查发现，贫困地区的初中辍学率已经很高了，这可能导致了中考参与率的下降。而为什么有如此多的来自贫困县的学生放弃进入高中？本研究提出了如下一些分析。第一个也是最重要的原因或许是目前在中国上高中的直接成本非常高。高中的学费大约相当于贫困地区人均纯收入的82%。对于生活在贫困县的学生而言，上高中的高昂成本可能是继续求学的巨大障碍，而许多学生甚至在参加中考之前就放弃了。

实际付现成本是由很高的并不断上升的机会成本所组成的。熟练工种的工资在低迷了20多年之后，从21世纪开始一直在稳步提高，中国沿海各省对劳动力的需求不断增加，使得几乎每个身体健全的农村人都能在非农业领域找到工作。有研究甚至发现，熟练工人一个月的工资收入几乎相当于贫困地区一年的务农所得。尽管这些低技能的工作并不能给予学生长远的未来，但其所面对的机会成本使他们不得不进行权衡，进而更加鼓励了这些学生辍学和放弃进一步的深造。

第二个原因在于教学质量。义务教育的质量在贫困地区和富裕地区之间存在巨大的差异。研究显示，许多贫困地区学生的身体状况和营养水平都更低，他们能够获得的学业指导的质量也不高，如此，多数贫困生在初中毕业的时候其学业成绩要远远落后于来自富裕地区的学生，因此他们也就没有意愿在中考中与这些成绩优异的学生进行竞争。

第三个可能的原因是普通高中的发展没有跟上高等教育的扩张。过去十年，政府一直在加速扩大高等教育的招生规模，然而普通高中的招生规模并没有以同样的速度增加，对于贫困生来说，普通高中的名额有限，上高中更加具有竞争性，加剧了他们对于参与竞争的无力感。

第四个也是最后一个原因是，贫困家庭对于人力资源的投资观念和对教育的“文化”视角是不同的。储蓄更少的家庭只能拿出较少的钱用于长期的支出，这或许因为贫困家庭通常没有充足的资源来应对不时之需，长期投入对于他们来说风险更大，因此他们会分配尽可能少的现有资源来为人力资本投资，这也使得社会中教育的不平等进一步加剧。

总而言之，研究表明，减少大学入学不平等的进一步政策努力仅仅聚焦于高中毕业生其实作用不大，因为大学教育不平等的根源产生得更早，如果没有针对义务教育以及后义务教育阶段的相应政策，这类不平等不会得到实际的改善。

刘霓/编译

2017 年 3 月

中国社会信用体系的舆情与实践

马晓月等

德国墨卡托中国研究中心 2017 年 12 月 12 日发布了由马晓月(Mareike Ohlberg)、莎泽塔·艾哈迈德(Shazeda Ahmed)、朗跃(Bertram Lang)三位研究员共同撰写的报告《中央规划、地方试点:中国社会信用体系复杂的实施过程》(Central Planning, Local Experiments: The Complex Implementation of China's Social Credit System)。该报告基于中国内部有关中国社会信用体系的讨论和官方政策文件分析了该体系的实施状况及存在问题。报告内容编译如下。

舆情中的"中国社会信用体系"

"社会信用"当下已经成为无处不在的政治流行语,广为中央和省级政府、金融机构以及大学使用。借助融文公司(Meltwater)的数据挖掘工具,我们获取了 2017 年上半年中国国内主要媒体有关中国社会信用体系的文章,从相关度较高的 200 个新闻源中甄选出 9481 篇文章,此外还获取了博客、论坛等社交媒体上的 1723 篇文章。总体来看,社会信用体系问题还没有得到大众的普遍关注,许多人尚不了解该体系的内容及其对日常生活的影响。

媒体报道常将社会信用当作社会诚信和政府廉政建设的手段,较少关注商业诚信和司法公信,这表明社会信用体系首先是作为当前社会治理和改革的工具。"政府诚信"相关话语常常涉及"确保政府廉洁透明"

和“追究政府官员责任”，并为社会其他部门树立榜样。同样“司法公信”也被认为是其他领域信用制度运作的先决条件。在经济治理方面，社会信用体系被视为解决市场效率问题、打击经济犯罪，以及保护消费者合法权益的全方位解决方案。在社会方面，社会信用制度经常与创造“诚信文化”或“社会诚信”相联系。

媒体报道中没有提到中国社会信用体系国际化发展或为国际效仿的可能，表明当下中国政府更关心该体系在国内的实际运转以及合法化，无意于将其作为一种创新的“中国治理模式”加以推广。

一些对媒体文章的评论披露了社会信用体系实施中的具体问题，但都没有从根本上质疑该体系存在的必要性，或者质疑将社会信用体系作为影响民众社会机会的道德判断手段的合法性，批评声音大多集中在技术上可解决的弊病。这些弊病主要包括：政府信息基础设施落后；当前收集到的数据类型不适合用于信誉评估；可能存在欺骗系统的方法；信息安全和数据隐私问题堪忧。

实践中的“中国社会信用体系”

社会信用体系作为一个庞大而复杂的工程，需要不同政府机构之间的协调与联动，实施过程大致分为两个方面。第一个方面是中央规划，建立适用于全国范围的旨在评估金融信用和道德诚信的总体框架。关键在于确保信息的顺畅流动和可访问性。为解决协调问题，目前正在实施的若干机制包括：成立社会信用体系建设部际联席会议作为统筹协调主体；统一社会信用代码制度成为各部门能够相互交流信息的基本前提；不同政府和非政府主体之间签订联合备忘录和合作备忘录，重点解决如何报告数据和惩罚失信主体。失信个人和法人主体的黑名单成为当前实施阶段的核心。

第二个方面是试点先行，启动和发展省级、部门性和商业性的试点，以试点项目检验社会信用体系。试点主要分为两类，第一类是由政府主导的地方性试点和部门试点，即在个别省市进行的试点，或者限于某些政策领域或行业，通常有望成为全国性措施的典型。优先适用该体系的领域主要包括生产、税收、物价、电子商务、医疗保健、教育和知识产权等领域。同时国务院还指定43个市、区试行评估可信度、惩罚违法及失信行为的新方式。

第二类是商业试点，即允许私营企业试验非强制性的信用评级方案，通常极具创新力和先进性，但监管地位不清晰，通常商业试点信用评级方案中的计算方法不透明。当前政府对这些商业试点的未来发出了模糊的信号，私营平台是与政府主导的社会信用体系一体化，还是继续独立运作直至完全边缘化，这个悬而未决的重大问题关乎政府与私营商业主体的未来关系。

社会信用体系将从根本上重塑中国

社会信用体系建设的政策创举，一方面是出于应对中国缺乏统一标准和信用评级机制的隐忧；另一方面也有可能发展为以技术为支撑的社会控制。中国正在努力解决信用评级机制的标准化和部署方面的重重挑战，但目前国家层面制定的许多政策仍较为基础，仅为引导企业和个人行为奠定基石。

地方、部门和商业试点尝试以技术驱动的方式，建立起一个将经济和非经济因素结合起来的体系。假使目前的试点政策在全国范围推行并且有充分的基础设施建设、数据分享，这将会导致这样一个体系，即通过确保不遵守政策者要承担高昂甚至难以承受的成本，而赋予政府对所有自然人和法人的巨大权力的体系。

社会信用体系的形成过程中会通过更多的新规章，这必然重塑中国的商业环境。未来几年各省的情况和标准可能会有所不同，要求各公司要因地制宜。外国利益相关方应熟悉中国政府出台的规划方案，跟踪部门和省级的新政策制定，就不清晰的规章向政府寻求确证。一个围绕信用评级和管理社会信用评分方面的新行业可能会出现，但商业评级服务及潜在的咨询服务被政府视为竞争对手，商业的社会信用发行人与其对应的国家机构之间的紧张关系，以及监管机构保留后者同时鼓励前者发展的态度将进一步使社会信用体系的有机发展复杂化。

随着个人和企业信用评级对日常生活和商业活动带来深刻影响，民众和公司会对明确信用评分的计算标准和范围提出更多需求。政府机构与大型商业主体之间的竞争不会导向商业社会信用试点的失控发展，但政府和商业行为者之间的关系仍是一个有待观察的关键因素。

刘晓玉/编译

2018 年 2 月

六

环境保护与城乡发展

环境污染是执政党面临的政治困境

罗米·哈因

美国克利夫兰州立大学政治学系客座教授罗米·哈因（Romi Jain）通过观察中国的绿色增长战略以及近年来中国围绕环境问题出现的大规模抗议活动，对环境污染之于执政党政治影响的程度和量级进行了评估。该研究文章发表于《亚洲事务》（*Asian Affairs*：*An American Review*）2015年第42期（原题为The Dragon Treads the Polluted Path：Political Dilemmas before the Chinese Communist Party）。文章指出，国家和社会之间建立信任是至关重要的，尤其是通过积极地惩治污染向公众传达反污染努力的诚意。以下为文章梗概。

污染之痛与群体性抗议

由于污染对于健康的影响显而易见，加之公众环境意识日益增强，中国民众近年来多次发起大规模的抗议活动。据称，2010—2011年，中国重大环境抗议活动的数量增长了120%，而1996—2011年，抗议活动的数量年平均增长仅为29%。民众力量因环境非政府组织引导的行动主义以及社会媒体的动员能力而得到加强。自1994年第一个环境非政府组织“自然之友”获准注册以来，迄今已有3500多个合法的环境组织活跃于中国。

尽管非政府组织的活动和目标更为广泛，但目前“邻避主义”即居民对公共或工业项目的抵制成为中国群体性抗议活动发展的主要趋势，各个地区的抗议活动导致地方政府暂停或取消了若干工业项目。

中国政府与环境保护

从1979年起，中国政府陆续颁布了大约30项涉及环境保护、自然资源保护、节约能源、清洁生产和促进循环经济的法律法规。联合国环境规划署2013年的报告称，中国是为提高资源效率和保护环境"最早将循环经济方法作为经济和工业发展新范式的国家之一"。由世界银行和中国国务院合作撰写的报告《中国2030》（China 2030）确定了绿色增长的发展模式，通过开创新的绿色产品市场、技术、投资及改变消费和保护行为来促进发展。

除了确定减少碳排放的目标外，中国还在可再生能源市场和投资方面独占鳌头。而且，中国还围绕环境问题建立了双边和多边的合作伙伴关系。中国领导人和中国政府对污染状况极为关切，习近平主席将污染视为北京所面临的最大挑战，要求各级政府要像与贫困作战一样向污染宣战。

尽管承诺与污染作战，但是在减轻百姓的焦虑和建设环境友好型经济上中国仍然面临着多方面的挑战。这些挑战主要包括以下几点。

第一，落实在地方层面的约束和监督。不管中央政府整治环境的决心和积极性有多大，但众所周知，地方政府更关注GDP的增长，总是以零和思维来看待增长与环境的关系。环保部一直敦促地方政府更透明地提供涉及建设项目潜在危害的数据，但对地方政府而言，从这些企业获得税收似乎更为重要。基于目前的体制，中央政府在环境领域面对诸多掣肘。此外，罚款远低于服从的成本，也导致惩罚不足以遏制对环境的忽视。

第二，地方官员无所适从。一方面，在环保方面很难对地方官员进行监督；另一方面，由于北京寻求在环境保护和经济增长之间的平衡，因此中央对绿色增长的重视并未明确地反映在对地方官员的指令当中。

第三，涉及问题广泛。由于煤炭的使用在中国非常普遍，因此抑制碳排放需要在经济和城市规划的全面修订上有所体现。

第四，可持续的城市化。中国政府将城市化作为支撑国内消费以及维持和促进经济发展的关键。然而，城市化如果不是可持续的，反而会影响人类和自然的环境，进而阻碍长期的经济增长。可持续的城市化应该是在快速城市化和环境完整性之间取得平衡。

第五，控制煤炭消耗量的挑战。根据绿色和平组织的估算，要在2017 年实现 PM2. 5 水平下降 25% 的目标，需要京津冀地区未来五年内减少 8000 万—9000 万吨煤炭的使用量，然而北京及其相邻省市所发布的数字并没有反映出相应幅度的削减。其他不少学者也指出了规划与目标的矛盾之处。例如煤炭转换为天然气的过程需要消耗大量的水，因此，中国试图控制城市的空气污染有可能对水的供应带来灾难。

第六，司法在实施中的作用。环境问题只有通过“进行司法赔偿和限制政府权力”才能得到解决，在环评过程中一定要落实法律法规，这样，抗议者会更倾向于“司法途径”如参与政府组织的听证会，以便清晰和全面地了解情况。还有学者指出，虽然新的法律表明了政府与污染斗争的诚意，但是还有一些有待解决的问题消减了法律的效力。

民众抗议对政治的影响

目前针对污染的群体性抗议还是相对缓和的，而且，一旦有争议的项目被“搁置”，环境抗议就会平息。此外，对清洁环境的公共需求符合中央政府实现绿色增长的目标。然而，情况也并非完全乐观，中央也面临诸多由环境和群体性抗议导致的困局。

第一，公众和中央政府在对环境相关问题的认知和重视程度方面存在直接和长期的冲突。公众的要求是快速采取抑制污染的措施，撤销污染的工业项目。而政府则更关注公众抗议的走向，并坚持其可持续发展的方向。虽然绿色发展是政府的主要目标，但这与正在和污染的空气及不洁饮用水抗争的人们似乎关系尚远。而且，面对公众的愤怒而废除有争议的项目会形成并强化一种印象，即政府不关心污染问题，只是迫于压力而采取行动。

第二，沟通不畅以及缺乏信任。公众的抗议还会导致那些“合理合法”的项目被叫停。例如，在什邡引起抗议的冶炼厂是得到国家支持的震后重建项目，不存在“落后”技术，而且有计划内的重大环保投资支撑。类似的还有宁波的化工厂项目。可见，政府和市民之间信任不足和沟通不畅是显而易见的。

第三，呼吁制度改革。中央政府很清楚，在落实环境法规的制度结构上进行实质性改革是有政治风险的，但是零敲碎打的措施局限性很大，会消耗民众的耐心，政府在政治和规制改革之外也缺乏更多选择。与此同时，中央政府也被寄予更大希望，承担更大的落实责任，包括承诺更严格地进行环境监督和更有效地管控地方官员，监控并遏制他们对污染企业的纵容。

除了防治污染方面的技术和政治挑战外，中央政府的环境目标和民众对于根治污染的即时需求之间未能很好地衔接，这也是中国环境政治学的突出特征。中央政府有责任通过实质性的法律改革来控制环境的恶化，改善环保措施碎片化的现状，进一步明晰项目审查许可和法律规则。中央政府和地方政府尤其需要证明它们在治理环境上是积极主动和富于进取心的，而不要表现为是迫于抗议活动的压力，这对于在国家和社会之间建立信任至关重要。

刘霓/编译

2016 年 2 月

中国特色的城市化及其所面对的风险

克里斯汀·卢尼等

美国哈佛大学商学院2016年1月出版的工作论文发表了乔治城大学克里斯汀·卢尼（Kristen Looney）和哈佛商学院梅格·里特米雷（Meg Rithmire）撰写的文章，讨论中国特色的城市化问题（原题为“Urbanization with Chinese Characteristics? China's Gamble for Modernization”）。两位作者均从事政治学研究，尤其关注作为中国增长战略的城市化问题。该文摘要如下。

尽管存在诸多严重的制度障碍，但是中国的城市化依然得到了巨大的推进。那么，中国的城市化能否成为中国和全球经济增长的引擎，抑或为过度的债务和投资埋下伏笔？在某种意义上两种可能都是存在的。

在中国，成功推进城市化所面对的主要制度障碍包括户口登记制度、土地所有权、城市的无计划扩张以及过度投资。据估计，在全国范围内，地方政府的收入有46%来自土地出让，一些地方甚至达到70%。随着城市的急速扩张，数千万农民丧失土地，而土地征收已经成为政府和社会之间冲突的最大导火索，在每年农村地区的“群体性事件”中占到大约65%。除了城市的无序扩张、乡村凋敝、涉及财产权的冲突之外，中国土地制度的另一个隐忧就是对城市建设的过度投资。自2009年起，这类投资已经占到中国GDP的44%（美国是13%—16%），而在有些省份和大城市已经达到60%。

尽管存在这些制度障碍的影响，但中国的城市化仍然以人类历史上前所未有的规模发展着，并通过若干方式推动经济的快速发展。例如，农民工使得出口导向的制造业成为可能，土地所有制的二元性支撑着地方政府的运作，而家庭储蓄助推了城市的发展。但是，时至今日，面对日益低迷的消费、膨胀的投资、农业失效以及土地使用中的问题，增长模式应该做出改变。政府将城镇化作为解决问题的办法，要摒弃旧的形式，也不会采用多数发展中国家所出现的那种无计划的、引发社会争议和政治变革的形式。

最近几年，“新型城市化”已经被视为从投资和出口驱动的增长向国内需求的可持续经济转移的关键。2014 年中国更发布了《国家新型城镇化规划（2014—2020 年）》（简称《规划》），其目标包含三个层面。首先，《规划》被明确描述为经济增长和改革的战略。城镇化被认为是刺激内需的“关键驱动力”。如果成功，这一规划将成为中国摆脱旧的投资拉动增长战略的出发点。其次，《规划》意在进行农村改造。自 2004 年起，每年的中央一号文件都是关于“三农”问题，新一届领导的城市化议程是希望到 2030 年将农业劳动力的规模从 2010 年的 38% 降至 11.6%，而留在农村的将不再是农民，而是与充分商业化的现代生产链接轨的“职业农民”（professional farmers）。最后或许也是最重要的，新型城市化的目标是要管理好其进程，以免发生政治动荡。从历史角度来看，从英国的圈地运动到当代发展中国家大城市的兴起，农业经济向工业化的转变以及农民进入城市，通常会带来政治的躁动和社会运动，甚至出现革命和政权更迭。20 世纪中期，社会科学家就将城市化连同相应的工业化和农业现代化想象为一个特定的社会进程，亨廷顿也将大规模的城市化视为一个关键的政治时点，不是新的城市群体的政治愿景被制度所整合，就是制度被这个新的群体所压倒，导致动乱、政治异见甚至暴力。

由此，“中国特色的城市化”对于国家的经济健康和社会稳定至关重要。在新的城镇化进程中，中央政府不再仅仅依赖于市场和人口的自愿迁移，而是要通过对土地、劳动力和资本的控制来推动这一进程。如果成功，中国将在未来数十年使得亿万人口转变为城市居民，而且不发生历史上城市化进程所引发的社会脱节和政治动乱。

中国正在试图避免圈地运动的社会和政治后果。城市化和经济改革的倡议并未与过去30年构建的制度产生激烈的冲突。改革使得土地、人和资本更规范地跨越城乡分界，并实现国家对这一过程的管控。

然而，由国家设计的大规模的城市化也有一定的风险，其中包括社会混乱、集中型贫困（concentrated poverty）以及投资误导。

首先，由于要进行村民的重新安置和土地征用，因此这一规划有可能引发农民的愤怒。迄今，新的土地交易市场因为没有得到平衡的落实，加之地方政府的干涉，因此仅有少数农村人口受惠。而且，意在升级基础设施的乡村整修计划近来经常导致大拆大建，“释放”出土地以惠及城市。而这种情况通常未予通报，当然也没有适当的补偿等相关措施的跟进。新型城市化继续保持了某种偏见，即希望将工业原则应用于农业，将城市居住生活模式强加于农村。

其次，即使农民在未发生重大社会动荡的情况下迁入城市，也仍然有在城市中心出现集中贫困的风险。了解美国和欧洲住宅计划历史的人都会对大规模的、集中的补贴住宅计划感到忧虑。一般而言，社会和经济整合是个艰巨的过程，可能出现城乡不平等模式在城市中的复制。许多新的农转非人口面临着年龄和技能方面的就业障碍，只能在非正规经济中寻找工作。因此，希望摆脱土地城市化的旧有模式，却可能制造出一种新的问题——没有工作的城市人。

最后，中国的学术界和智库预测，到2030年，为数以亿计的人口实现城市化将花费40万亿—60万亿元人民币。然而，新型城市化主要依赖地方政府的债务融资投资。《规划》要求为大量新的城市居民提供财政补贴，减少对土地财政的依赖，但还是需要更具针对性和实质的公共财政改革，以确保城市化获得资金保证。在短期内，这意味着对扩大的城市给予更为集中的财政支持；就中期而言，要允许地方政府发行自己的债券；而长期来说，设立财产税将为地方政府提供可持续的和可预见的资金收入。

或许最大的风险是停滞不前。从目前来看，这种可能性确实存在。尽管有关新型城市化的讨论很热烈，然而过去几年这一改革仅取得了点滴进展。此外，目前的新型城市化改革还在向意见建议和政策反馈开放，而如果中国领导人要在没有市场约束的情况下成功地创造一个现代的城市化社会，就应让乡村和城市市民参与其中，因为他们的意见可能引导中国城市的未来。

刘霓/编译

2016 年 3 月

农村移民的城市归属感：基于北京市社区邻里关系的研究

吴缚龙　约翰·罗根

中国的农村移民在城市就业和拥有住房方面被边缘化的情况已被广泛证实。英国伦敦大学学院巴特雷特规划教授吴缚龙（Wu Fulong）与美国布朗大学社会学教授约翰·罗根（John Rogan）运用一项涉及北京邻里关系与邻里感情的调研数据，在《城市研究》（*Urban Studies*）2016 年第 53 卷第 14 期上发表题为《农村移民漂在城市？他们在北京的邻里生活与邻里感》（Do Rural Migrants "Float" in Urban China? Neighbouring and Neighbourhood Sentiment in Beijing）的文章，讨论了农村移民在城市居住区的邻里关系与社区融入问题。与当前中国社会变革弱化邻里关系的观点不同，两位学者认为边缘化使外来移民更依赖于移入地的社会网络。文章摘要如下。

研究背景与主题

中国正经历着快速城镇化，至 2012 年，农村移民涌入中国城市累计达到 2.3 亿人，城市生态随之经历重大改变。毫无疑问，农村移民是社会经济边缘群体，职业前景和享受公共服务的权利有限，通常也聚居在城区边缘，特别是在一些专为移民建造的低质量、高密度聚居区内。移民们聚居在相对隔离的飞地或城中村以应对歧视，城市原有居民对其纳入本地邻里生活的期望也似乎较低。

中国农村移民与所在城市社会的社会关系较少为人所知，常用于指代移民的“流动人口”概念就暗示着低程度的社会性和社会参与。现有的邻里关系研究聚焦在中产阶级住房或低收入社区的城市居民。研究也往往集中在展现中产阶级邻里关系的衰落，其中一个解释是，他们偏好更排外和私密的居住环境如门禁社区。与此对应的是，政府试图推动“社区建设”作为服务供给和地方治理的新形式。

本文基于普特南（Robert D. Putnam）的社会资本概念来考察城市外来人口在本地的社会联系，并借用格兰诺维特（Mark Granovetter）的“社会桥梁”概念，特别是本地区域之外的弱联结和社会网络的发展对研究主题进行考察。

邻里关系研究的传统观点

西方国家邻里研究成果丰富，大多表现出受传统的芝加哥学派城市研究的影响。该学派的典型观点是，由于城市面积和密度的增加，社区邻里的依赖程度随之降低，但依赖程度与在社区的居住时间正相关，投入邻里的时间被视为一种投资。自有住房和在邻近养育儿童或者与其他家庭的社会联结同样会增加这种投资。制约因素，诸如老人、少数民族身份或低收入，将影响社会关系网络的扩大。

拥有产权与否也是对社区依附程度的重要自变量。拥有产权不仅给了拥有者以社区所有者的成员身份，也促使其对守护邻里关系做出承诺。

从制约因素和投资回报等视角来看，农村移民参与本地活动应该相对较少，在移入地拥有广泛的家庭关系和本地互动的可能性也较小。不过，他们进入一个城市也可能是通过业已存在于原生地的社会网络。“老乡”就是亲属关系和村庄联系的延展，选择同老乡聚居在一起，在增加邻里联结方面发挥着与“家族邻里”相同的功能。就业也能将移民同邻里之外的社会网络连接起来。但是由于很多人赖以生存的非正式职业的劳工市场以原生地的地方性、个人性联系为基础，而此类就业实际上限制了他们进入外部世界。

国内学术界对邻里关系的研究业已指出，住房供给体系的变革改变了旧有的工作单位社区，创造了更加私人化的空间，业主委员会在组织本地社会网络中扮演重要角色。此外，邻里相处模式因聚居区和邻里人群类型的差异而有所不同。有关城市农村移民邻里关系的相关研究在国内还十分少见。

数据来源、测评方法和研究假设

本研究数据源自中国社会科学院 2006 年的一次相关调研结果。本地居民的样本总计 1200 户，73%（756）的户主被问及邻近事项，农村移民样本总计 300 户，两个样本中的拒访率均约为 10%。

问卷中有两个问题涉及受访者本人与邻居的互动：拜访和互助。对邻里感情的测量，即“亲切感”，以参与邻近活动为指标。调查内还包括了四个关于社区内社会关系的问题，即邻居相互和睦、邻居相互照看、邻居相互信任、邻居相互熟知。这与国外采用的社区感指数（the sense of community index，SCI）相似，后者涵盖成员资格、影响力、需求的整合与满足以及共同的情感联结。

移民身份对本地社会联系的影响是双重的。由投资和制约视角出发，我们考虑的自变量包括受访者年龄、性别、婚姻状况等，并预计年长者、妇女和已婚人士融入当地社区的程度会更深。居住时间是投资相关的重要指标。房产权也通常被当作本地投资的指标，然而鉴于本研究中本地居民都是房主、大多移民都是房客，房产权与移民身份不可区分，不作明确检验。收入和教育常用于社会资本的测量，通常认为收入水平和教育程度高的人社交更活跃。

研究发现

统计结果显示，农村移民一般比本地人口更年轻。样本中农村移民本地居住年限平均为 9.6 年，说明他们在城市度过了相当长的时间。与本地居民相比，移民年收入较低，受教育程度也更低，不过移民中的 87.8% 已就业或经济活动活跃。

拜访邻居：在控制受教育程度、收入和其他人口因素的情况下，移民“经常拜访”邻居的概率（与“从不拜访”相比）是城市房主的3.7倍。换言之，尽管年纪更轻、收入更低、受教育较少以及大都是租客，农村移民也比城市本地人更经常与邻居互动。年轻人概率更高，反映出年龄因素不会制约流动性（假定老年人较少可能离开邻里），而是关乎社会化方式（年轻人更多参与休闲性互动）。受教育程度较低的人拜访更频繁，参加就业降低了28.9%的“经常拜访”概率。拜访概率与居住时长、收入都无关。

帮助邻居：与休闲性拜访相比，通过照看孩子帮助邻居是更深层的联结。农村移民在城市邻里中帮助邻居的概率更高，他们的“经常帮助”概率高出本地人3.7倍，“偶尔帮助”概率也高出2.9倍。这一模式与拜访邻居相吻合：农村移民并没有社会性脱离于其直接生活圈。收入是另一个重要因素。居住持续时长在帮助行为方面很重要。教育程度高降低了“经常帮助”邻居的概率，高收入居民也鲜有频繁参与互助。但就业状况没有显著影响。

邻里感情：比邻而居可被视作投资以及改善邻里感情，农村移民更多地频繁参与邻近活动，说明他们与邻里有更多联系。长期居住有助于增强邻里感情，年长者和女性有更强烈的感情。移民群体找工作时可能会更依赖他们在本地的社会关系，由此对当地的依赖感得到增强。但教育、收入、就业、阶层地位指标与对本地感情之间没有明显关联。

邻里社会化复合指数：邻里社会关系复合指数是友好、信任、相识和社会支持的总和。最显著的因子是居住时长，与前述所有研究相符，较长居住时间与邻里社会化的较高感知相关联。女性更强的邻里社会化也许得益于参与社交活动更多。教育的影响在该模型中呈曲线（高中和初中教育程度者的指数得分更高）。然而收入或就业状况的影响都不显著。

探讨与结论

本研究认为，农村移民邻里结合程度并不比本地人低，农村移民比本地人更倾向于帮助邻居。然而，重视比邻而居和邻里感情并不意味着农村移民比本地城市居民更能融入移入地社会中。

由于本研究的农村移民样本是来自外来移民聚居区的调研，这类城市飞地的集中居住可能存在自我隔离意味，也暗示着这种择邻而处会阻碍社会整合。此外，移民购置房产、获得房屋产权的确切影响有待进一步的研究。

本研究对城市政策的启示是，要再审慎思考“同化”即“市民化”的主流话语。农村移民将其密集的社会网络留在农村，同时形成一个跨规模（across scales）的社会网络，并再次嵌入接待社会，将社会传统要素带入“现代化”城市；公共资源获取受限，就与同为“流动人口”的邻居互动，发展自己的社会空间。农村移民不是一个社会孤立群体：由于良好的居住环境、责任和隐私的自由无法平等适用于每个人，他们参与邻里是自选择和受外部强化的结果，被排除在公共服务之外的他们与邻居互动，也是在自助。由此看来移民社区可能促进移民整合，而拆除农村移民聚居点，迫使农村移民从城中村转入现代化公寓或其他正式居住区，都可能对农村移民的社会整合产生不利影响。

唐磊、刘晓玉/编译

2017 年 1 月

新失落一代：经济转型对农村青年的影响

加里·H. 杰弗逊

中国用30多年的时间跨入中等收入国家的行列，其成就令人惊叹。然而，对于那些以其有限的基础教育水准，却欲在迅速膨胀的城市和工业部门寻求良好就业前景的农村青少年一代，这一发展却令他们背负了巨大的成本，使他们成为"新失落一代"（New Lost Generation）。来自农村的大规模离乡移民改变着中国，将中国推上"世界工厂"的地位，而"从做中学"（learning - by doing）的逐渐积累使得中国得以向"知识经济"转型，从而减少了对这一代劳动力的依赖。美国布兰斯大学经济学教授加里·H. 杰弗逊（Gary H. Jefferson）在《中国经济与商业研究杂志》（*Journal of Chinese Economic and Business Studies*）2016年第4期撰文讨论了上述问题，原文标题为《中国的新失落一代：中国经济转型带来的伤害》（China's New Lost Generation：The Casualty of China's Economic Transformation）。该文摘要如下。

20世纪80年代以来，中国将其相对落后和低效的经济迅速转变为庞大的工业经济体系，而这一转变的重要基础是从农业转入工业的大量劳动力。与被认为是失落的一代的"知识青年"相比，改革后的移民完全是自愿地从乡村流入城市，以迎合于中国的经济转型。然而，因为过早就业，这些青少年接受教育的时间大为缩短，缺少教育加之没有前途的就业岗位，使他们成为中国“新失落一代”。

二元模型理论

中国工业转型的经济逻辑可以通过刘易斯（Lewis，1955）的二元经济增长模型来解释，这一模型在1964年由费景汉（H. Fei）和拉尼斯（G. Ranis）做出了更为完善的表述和扩展。二元经济增长模型与中国具有直接相关性。在20世纪80年代初普及的家庭责任制导致农业生产率和农村生活水平的大幅提高，贫困率显著下降，农业生产总值增长近90%，而农业部门就业仅扩大了6.9%。

然而被忽略的一点是，与农业生产率的提高和农作物价格增长相对应的，农村学校在校学生数出现明显下降。在1978—1985年，官方统计数字显示，小学毕业生人数从1978年的2288万下降到1985年的2000万；同期，初中的入学人数呈现了更剧烈的下降，从1978年的2007万人降至1985年的1349万人。

从1977年起，收购价格和体制改革相结合，对动员家庭劳动力从事农业生产构成了有力的激励。之后从1985年起，随着农村和城市的工业化，农业劳动力开始向工业岗位转移。而始于1978年的在校人数的下降可能恰好反映了青少年劳动人口对经济转型发出的就业激励的响应。

中国的教育状况

2012年广东省的一项调查报告显示，相比于乡村生活的不易，更多的农村青年是被令人兴奋的城市生活和各种机会所吸引，厌倦学校也是他们最初做出离乡决定的原因之一，甚至超过了经济方面的考虑。缺乏学习兴趣是在外出打工之前未能完成义务教育的原因之一，另外的原因则是没有能力或是不情愿支付学费，而与此同时，城市中的工作机会又是唾手可得。

对统计数字的分析还可发现，全国在校生的总体数字严重掩盖了城乡之间的差别。根据《经济学人》报道，在1990年，当离乡移民已经是中国工业化图景中一个确定无疑的特征时，只有7%的农村学生进入高中读书。

剩余劳动力供给：刘易斯拐点

中国劳动力短缺的出现不仅仅因为离乡移民使得剩余劳动力过度消耗，还由于人口增长率和新的劳动力补充的长期下降而更为严峻。受到这些相互关联因素的影响（青年人口的迅速递减和农村人口中剩余劳动力的消耗），中国劳动人口在达到历史性高峰之后，开始转入长期的持续下降。中国的制造业厂商似乎已经在为应对日益严峻的劳动力短缺以及工人薪酬的上涨而采取技术创新。

产业发展和技术改造

过去十年，在生产率继续以较高速度增长的同时，中国的就业增长仍然能够加速，这一点令人印象深刻。然而，劳动生产率的持续增长也带动了薪酬的增加。

21 世纪中国经济中一些相互交织的因素驱使其提升自身的技术尖端化程度，特别是以下两个前提加速了中国的技术转型。第一是中国研发支出的加大。中国的研发规模在 20 世纪 90 年代末期开始膨胀，2010 年达到 1.8%，目前达到 2.2%。这一研发支出的加强是中国攀登工业技术阶梯、向“知识经济”和“创新经济”转变的措施和前兆。

促使中国工业技术升级的第二个条件，正如 2015 年麦肯锡公司报告所指出的，在已经建立了“世界最庞大制造业生态体系”之后，中国制造业能够实现在生产过程中的持续创新，以降低成本和提高质量。中国独有的制造业生态体系提供了两个重要的创新优势：第一，中国 20 多年快速的出口增长以及庞大和增长迅速的国内市场，共同打造了一个大规模的、快速增长的和拥有越来越高收入的消费者基础，以消费者为中心的创新能力得到驱动；第二，其制造业生态体系使中国拥有了实现效率驱动创新的能力，即提高生产效率的渐进式创新。

同样与工业升级相关，在未来数十年，劳动力短缺将促使一些西方公司重新制定它们在中国的经营战略，或者是打包离开，这一变化将标志着全球化历史的新的一页。

新失落一代:代际影响

外界的机会以及离乡者本身的做法是否构成了中国农村教育体系质量低、效果差的原因之一，尚不确定，然而农村学龄人口的减少的确进一步拖累了中国农村教育的质量。

近数十年来，随着中国城乡收入不平等的加剧，很可能导致成长中的城市中产阶级将更多的家庭资源投入于其独生子女的教育，进而导致城乡教育质量的差距进一步加大。那么，农村人口流动模式会产生其他哪些后果，对于离乡者子女和代际收入的不平等会造成什么影响呢?

教育机会对离乡者子女的影响：根据2005年的一项调查，离乡者子女（0—14岁）有1800万人，其中1/3迁往大城市，1/3迁至县城和市镇，1/3是在家乡本地流动。而2009年的数据显示，父母外出务工导致6000万名儿童留守在家。2005年修订的新的义务教育法已经覆盖了留守儿童。鉴于教育在社会流动上发挥的作用越来越重要，离乡农民工子女的教育劣势对于他们本身以及对于城市社会整体而言都会产生长期和有害的后果。

此外，对于农村留守老人和留守儿童的时间分配模式的评估（1997—2006年）还显示，家庭成员外出打工导致留守老人和儿童花费在农活和家务劳动上的时间增加，且有着显著的性别差异，即老年妇女和女孩子的劳作时间更长。

代际教育机会的差异：在2010年，国务院批准了一项全国范围的教育改革计划，这一国家中长期教育发展蓝图承诺通过建设更多的学校，提供更多教师，从农村地区、少数民族地区和欠发展地区招收更多高中毕业生进入大学等措施来缩小城乡之间的教育差距。

2012年，将近2500万名学生进入高中，而1995年只有700万名，而且当年这一年龄组的基数要比现在更大。在2012年，大约2400万名学生进入大学本科，而1995年则仅有不到300万名。而且，在1995年仅有非常少的高中生和大学生来自农村或是离乡者的子女。高等教育扩张的一个意涵在于，对于目前工业领域大量的高技术含量工作岗位而言，那些正成长于高中和大学系统的上千万名学生要比离乡的移民人口具有更大的优势。

就此而言，随着分阶段落实九年制义务教育，全国范围的教育体制升级创新，似乎深化了目前就学和新近毕业的年轻人之间的代际差异，因为今天的学生在进入劳动市场时所掌握的技能经过了重要更新，造成这些2005年以后的新就业者与之前的离乡务工人员之间的收入差距会更加明显。

未来劳动大军需承载的负担不断加大：尽管对于中国人口状况的关注主要集中在老龄人口的不断增长，但是未来20年劳动力年龄结构的变化同样令人焦虑。不仅新进入劳动大军的人口数目持续下降，而且他们在全部劳动力中的比例也将大幅降低。随着年长一些的劳动者在技术上落伍以及不能充分就业，新生代劳动人口的收入或许可以快速增长，而且他们中的许多人在全球劳动力市场中也将更具竞争力，并获得与发达国家高收入家庭同样的收入。其结果是，新失落一代和能够参与全球整合的一代之间的收入差距愈发悬殊。

于是，一个可能的结果是，失落的一代将成为年青一代劳动大军的包袱。由于离乡农民家庭的子女中仍然有相当一部分人得不到良好的教育，也会像他们的父母一样，在不断变化提升的劳动力市场角逐中处于劣势。大量的农村流动人口及其子女在社会中将可能会越来越沦为边缘人群。

刘霓、杨莉/编译

2017年1月

新型农村社会养老计划的建立：充足性与可持续性

潘宇舟等

为老龄人口提供充足和可持续的养老保障是中国面临的主要挑战之一。2016 年第 2 期《当代中国事务杂志》（*Journal of Current Chinese Affairs*）刊发德国墨卡托中国研究中心（MERICS）公共政策研究项目负责人潘宇舟（Matthias Stepan）等人撰写的文章（The Establishment of China's New Type Rural Social Insurance Pension：A Process Perspective），讨论了中国养老保障制度的历史和政策传统，追溯了新型农村社会养老保险计划得以实施的政策过程及其目前状况，特别关注到国际组织和国际机构对这一过程的影响。利用过程追踪的方法，作者对数据进行选择和分析，以确定推动新型养老保险计划建立的主要角色以及哪些因素促进了政策倡议的成功。此外，为了说明农村人口的边缘化是否以及如何得到纠正，文章还就养老金的充足性和计划的财政可持续性进行了分析。作者认为此一研究从学术角度填补了两个空白：第一，对于中国养老金领域政策过程的深入研究的不足；第二，对过去十多年缺乏关注，或者是对中国社会最大的人口群体——农村地区的老年人收入状况的关注的缺乏。由于原文较长，因此本摘要对于其中过程追溯的部分从略，重点介绍其分析与结论部分如下。

尽管 20 世纪 90 年代的一系列重大努力扩大了养老保险的覆盖面，但直到 2002 年效果仍不是十分理想，特别是农村劳动力，获得计划覆盖的仅略高于 10%。农村人口、进城务工者和未就业的城市居民越来越边缘化。然而到 2014 年年底，数字显示发生了巨大的变化，新型农村社会养老保险（NRPS）和城镇居民社会养老保险（URPS）两项计划已经覆盖超过 5 亿人口。当年国务院还宣布将上述计划正式合并为“城乡居民社会养老保险”计划。这些举措使得公共养老金系统的覆盖得以扩展，并最终打破了两个传统：第一，只为城市企业以及党和国家机关退休的个人提供养老金；第二，针对城市居民和农村农民的社会政策之间存在的严格制度区分。

老年人收入和中国的养老金制度

若干世纪以来，中国老年人的收入保障一直主要依赖家庭，这种保障形式是深入植根于中国传统文化中的。20 世纪 40 年代末 50 年代初，中华人民共和国刚成立之时，中共领导人为尽快实现工业化，确立了二元的养老体制，在城市由单位负责为产业工人提供养老保障，而农村地区则主要由家庭和亲属作为老年人社会福利的提供者。除此之外，户口制度对于理解中国的公共社会政策也是非常重要的。这些早期的政策选择形成了一种传统，即针对城市和乡村人口的社会政策，不管是在行政上还是思维上都出现了明显的制度区分。1979 年转型期开始以来，这些核心的制度面对诸多压力，政府开始寻求在不断发展的市场经济框架内保障老年人养老收入的替代方案。于是，相应改革的过程、成果和对未来发展的预测成为中外学者的兴趣焦点。

由于提供社会福利或收入替代转移对于保持社会平稳至关重要，因此在中国属于战略政策领域之一。现有的文献分析显示，在养老制度改革过程中，各个部委和地方政府都在竞相发挥影响，而对于市民社会发挥了哪些作用以及其影响如何，是否受到约束，目前仍存在争论。此外，尽管公共协商正在逐步制度化，但其对于政策过程的影响仍然有限。最后但同样重要的，国际组织作为合作者的参与显示出政策过程不再是秘而不宣的，而且这些组织还构成了政策子系统的重要组成部分。

新型养老计划的建立和覆盖范围的扩大

有关全球社会政策改革的研究显示功能性压力（functional pressures）本身不能解释公共社会政策的变化，相反，在说明特定政策过程和结果时，了解不同机构和行为者群体的互动及其理念的作用是必要的。

韩博天（Heilmann）基于中国的实验对理想型政策周期理论进行了修正，将政策周期的各个阶段重新排序，以新的政策选项的形成、对模型实验的鉴定和推广、起草试验点计划、从点到面扩大实验计划、政策形成与颁布、政策说明与落实以及对政策影响的讨论这 8 个阶段组成“中国的政策周期”。尽管韩博天的方法偏重于经济政策领域，但其他一些学者的研究显示社会政策领域的决策过程表现出许多相同的特征。

利用韩博天的政策周期理论，该文重现了导致 NRPS 建立并最终扩大养老金覆盖面的政策过程，介绍了改革的主要行为者，包括 NRPS 建立的支持者和反对者，并讨论了总体背景如何影响了这一新的养老金计划的确立。养老金改革不再是一个严格的国内事务，国际行为者特别是国际金融机构，例如世界银行和亚洲开发银行，以及国际社会保障协会（ISSA）都参与进来。它们提供了新的理念和政策解决方案以及能力建设方面的资助和支持。

今天的成功与未来的前景

2011 年《国民经济和社会发展统计公报》显示，当年有 3.264 亿人加入了养老保险计划，2014 年，总参保人数超过了 5 亿人。尽管在覆盖率和受益者人数上取得了显著的成功，但是福利水平是否充足以及制度的财政可持续性仍然存在问题。

新型农村社会养老保险（NRPS）和城镇居民社会养老保险（URPS）参保人数，尤其是退休人员的人数急速增长，以致一些密切关注此问题的人士已经就其发展速度和可持续性提出了警告。统计显示每名退休人员的平均年度收益在2008年之后呈现下降，而NRPS从富裕地区向贫困地区的快速扩展，以及获得最低养老金的人数在一年之内从500万人跃升至1600万人，有助于对这一下降做出解释。在全国范围内启动试行的当年，年度平均金额不到500元人民币，但是在2010年增加至700元，最后，在2014年增加至近1100元。社会保障养老金的总支出从2007年的40亿元增加至2014年的1570亿元人民币。

然而，有关受益个人和新计划总体支出的绝对数字不能说明什么，评估养老金水平的充足与否还需要与其他一些关键数字联系起来。在过去十年左右的时间里，中国在其农村地区施行了一种最低生活保障计划（农村低保），与西方发达国家的社会救助计划颇为类似。农村低保于2007年在全国范围内施行，鉴于社会经济发展程度存在巨大差异，各个地方可以自行规定其地方标准。对2011年农村低保和NRPS的省级福利水平进行比较，就可以对养老金福利水平是否充足有一个差别化的了解。的确，在最为城市化的省级单位如北京、重庆和上海，NRPS的福利水平等于甚或高于农村低保，而在多数其他地区，NRPS的水准则要低得多。

衡量养老金计划的财政可持续性需要考虑到中长期的支出和税收前景，尤其是考虑到全国范围内贡献者（缴纳者）与退休者的比率不到3∶1，这一制度的可持续性就非常成问题。虽然不是采用现收现付制，但最低养老金主要由地方政府的税收来承担，因此其与地方的经济条件就具有很大相关性。放大至省级层面来看，养老保险的缴纳者和领取者在比例上呈现多样性，将直辖市排除在外，西藏的这一比例是5∶1，吉林则不到1∶1。由于目前是由各省负责制定全省范围的NRPS框架，很明显，不管是在管理层面抑或农村养老金的缴纳方面，进一步的改革都是必要的。随着青年人群体向城市的流动，特别是跨省的流动，以县作为基本行政单位的养老金计划在长期而言不是一个可行的解决办法。即便对于1995年建立的城市职工养老金计划，国家层级的基金池也并非伸手可及。因此下一轮改革中一个关键的问题将是农村养老金经费筹措中政府的责任。

结　论

新型农村社会养老保险的建立使得中国的农村人口历史上第一次可以获得公共的养老保险，显示中国政府迈出了明确的一步，即消除农村人口的边缘化。

对政策过程的追溯显示有两个主要的、在一定程度上相互重叠的问题，即在为农村地区养老金提供财政手段方面，以及具体政策的精确设计方面国家所发挥的作用。就前一个问题而言，谁支付的问题一直是关键的。长期以来，由于担心难以承担所需费用，地方政府对这一倡议热情不高。但是中央政府借助于2004年的宪法修正案和“建设社会主义新农村”运动，在农村地区全力建设和共同筹措公共社会转移支付计划。然而，经费到底如何分摊的问题并未得到明确，于是这引向了第二个问题：设计。劳动和社会保障部（人力资源和社会保障部）、民政部提出了不同的设计方案。前者支持一种社会保险形式的解决办法，民政部提出的设计则是一种非缴费型养老金计划。2009年，国务院支持了社会保险型的解决方案，并由中央政府为各省拨备了指定的财政转移支付，不再寻求单一政策设计并使得覆盖面得以扩大。因此，“新型农村社会养老保险”覆盖范围最高的年同比增长是在2009年之后。

国际行为者的影响始终存在。中央政府积极寻求国际上的良好实践与建议，人力资源和社会保障部、民政部也分别拥有各自的国际伙伴，这些合作机构对于诸多政策解决方案和能力建设都做出了重要的贡献。

韩博天的政策周期模型非常适用于过程追溯。本研究显示试点设置、不同层级政府之间的互动，以及各级政府的协调妥协依然是中国决策过程的主要特点。另外，在政策周期的各阶段都有国际机构的出现和存在，而这一特点为未来的比较研究提供了可能性，即探究国际行为者在不同政策领域的影响是否存在差别。目前的计划是否成功以及效果如何主要是以投保人数和个人获益于公共养老金的水平来衡量的。而从长远来看，成功的标准应该是计划能够提供充足的养老福利，同时并未使政府的财政负担过重。

尽管实现了农村老年人口收入保障的改善，但是中国养老金制度的长期可持续性和制度的碎片化仍然对社会流动和社会平等产生影响。首先，计划为社会流动制造了新的界限，即正式和非正式劳动力市场之间的界限。其次，对于地方政府而言，计划成了一个不断增加的财政负担。最后，公平的问题进一步加剧。因此，学术界应对中国进行中的养老金改革在中长期如何推进给予关注。

刘霓/编译

2017 年 2 月

七

经济成长面临的挑战及其应对

全球化时代中国金融服务业的发展

彼得·诺兰

英国剑桥大学发展研究中心教授、知名经济学家、《中国能不能“购买”世界》一书作者彼得·诺兰在近期的《中国经济与商业研究》杂志刊文，探讨了20世纪70年代以来全球金融领域产业结构的演变，而这段时间正是自由市场原则在理论与实践政策讨论中占据主导地位的时期。作者在文中考察了全球金融产业结构变化的幕后逻辑以及产业合并的情况，并分析了华盛顿共识是如何影响全球银行在发展中经济体和转型经济体中的扩张的。特别值得关注的是，作者将国际银行业结构在全球化时代的演变与因循全然不同路径的中国进行了比较，指出中国银行业所幸未被“华盛顿共识”倡导的金融自由化误导，否则早已四分五裂。但作者同时也提到，尽管中国的银行有着丰厚的利润与庞大市值，但其国际竞争力依旧有限。跨国银行在中国经济中的作用不大，而中国的银行在国际经济中的作用同样如此。

论文的第一部分首先介绍了一些主流经济学家有关全球化与产业结构的不同观点，之后描述了20世纪80年代初开始的欧美金融市场逐步开放和整合的过程，即曾经的国有金融部门大多被私有化，至90年代末期，对跨区域或跨国的企业兼并与收购的限制也被取消殆尽，阻断金融服务业不同部门之间的屏障已然被打破。

通过兼并和收购，形成了若干大型金融企业，这些超大型银行在全球金融系统中的地位日益彰显，金融服务产业内集中的程度越来越高，投资银行业务的收入大部分由高收入国家的大型银行所获取。在资产管理领域，全球前50强公司占有管理资金总额的61%，而在前100强中则无一家来自发展中国家。显而易见，金融领域和非金融领域的产业集中过程相互交织且相互支持，卡尔·马克思150年前在《资本论》中提出的“产业集中法则”同样也适用于金融服务产业。

作者指出，“华盛顿共识”在塑造有关金融体系的思维方式上起着重要的作用。在全球金融危机爆发前夕，经合组织国家（OECD）的人口在全球仅占16%，却在国际货币基金组织中（IMF）拥有61%的投票权。IMF的领导几乎都是欧洲人，而世界银行的头目则总是来自美国。在全球金融危机后，状况依旧如此。贯穿整个资本全球化时代，“华盛顿共识”一直在不懈地推进金融领域全球自由市场的形成，从而迎合美国与欧洲大型银行的利益。

国际货币基金组织与世界银行为了获取利益，强烈要求发展中国家允许跨国银行在其国内自由发展。20世纪90年代，为数众多的转型经济体与发展中经济体落实了“华盛顿共识”的政策，取消了对跨国兼并与收购的限制，在本国与跨国银行之间建立一个“公平的竞争环境”。在拉丁美洲的大部分国家，银行自由化导致了跨国银行市场份额的飞速增加。而20世纪90年代，东欧金融领域的自由化则掀起了全球银行巨头的收购狂潮。

当全球银行业革命兴起之时，中国的银行业改革正努力摸索自己的道路。面对来自外界的各种涉及银行业改革的鼓动，中国领导人决定继续严格控制外资银行在国内的发展，尤其限制它们在中国本土银行所持的股份。中国的决策者决定不拆分主要银行，而是将它们改革为“完整的实体银行”。改革内容包括将不良贷款从资产负债表中移除、与全球大型银行结成战略伙伴、大力投资先进的信息技术、集中风险管理以及优化人力资源。改革进程的最后一步为：主要的大型银行将其少数股份在国际和国内的股票市场上市，将银行管理置于媒体的监督之下。

中国金融部门改革所取得的显著成功，远远超出了大多数国际观察员的期望。然而，中国的银行和跨国银行之间存在本质区别。它们相互之间开展直接竞争的范围仍然有限。因此，尽管中国有许多家银行因其市值排在了500强名单中，但这并不意味着它们拥有全球竞争力。关于国有银行以及相关产业体系的改革方向，中国的顶层决策者仍然面临复杂和困难的抉择。

文章结论认为，资本主义全球化时代一直以金融部门产业集中化的爆炸性增长为特点。兼并与收购是其主要推动力。这导致高收入国家的大型金融公司与发展中国家的金融公司在竞争力上出现巨大差异，特别是在全球银行业务利润最高的那些环节。大型跨国银行在非金融企业的全球化中作用显耀，它们是将各个体系相互结合的黏合剂。然而，在少数大型金融企业掌控下的高度集中化是一把双刃剑。正是这种权力的高度集中形成了规制俘获（regulatory capture），进而造成国际性的金融危机。高度集中化使得监管薄弱的金融制度产生内源性的恶性循环，其中包括了货币扩张与资产价格上涨，而这却获得了人们的广泛支持，因为他们被账面财富的增长和与财富对应的更强的借贷能力蒙蔽了双眼。

在中美洲、拉丁美洲以及东欧，金融服务的自由化提供了一个生动的证明，即这一领域的“公平竞争环境”是极大地向来自高收入国家的金融巨头倾斜的。“华盛顿共识”的观点认为，金融市场的自由化将会通过竞争压力来强化本地银行，而现实的例子刚好否定了这一观点。在那些金融市场实现了自由化并相应建立了金融服务“公平竞争环境”的地区，大型的本地银行通常是被全球巨头所收购，而不是被后者所“激励”。当地的众多小型银行则沦为了缝隙企业，为穷人和当地的缺乏国际竞争力的中小型企业提供服务。发展中国家的实际经验反驳了“华盛顿共识”与欧美决策者的乐观看法，即自由化对当地金融系统会产生积极影响。这样的观点不是孤陋寡闻便是故意误导。

在发展中国家当中，中国一直是全球金融企业最富潜力的市场。它们认为中国加入世贸组织是一个前所未有的商机。然而令它们失望的是，尽管美国政府和美国的银行业以及欧盟与欧洲的大型金融公司不断地游说中国，但是中国并没有选择“华盛顿共识”所倡导的政策。如果中国采纳了“华盛顿共识”的建议并听信高收入国家决策者的说服，中国的主要银行如今早已四分五裂，而其中利润最丰厚的部分也会被跨国银行收购了。

取而代之的是，中国走了一条属于自己的道路，与“华盛顿共识”

提倡的路径截然不同。中国严格限制了外资在主要银行中所占的股份，国家依旧是这些银行的大股东。此外，中国的银行受到管理部门的严格监控，它们提供的产品也在严格限制的范围内。中国克服了国际金融危机所带来的巨大政策挑战，这其中对于银行业的严格管理发挥了极其重要的作用。中国在打造盈利且管理良好的银行产业方面已经取得了巨大的成就，为公司与客户提供了更为优质的服务。与几年前国际上的多数预期相反，中国在没有对银行进行全面私有化并允许跨国银行大举进入中国的情况下，却已经拥有了世界上盈利最丰厚且市值最高的银行。

当然，高盈利与高市值并不代表中国的大型银行拥有了国际竞争力。正如文中所述，中国的银行在结构与运营方式上依旧存在很多问题。在经历了 30 年的资本全球化之后，中国的银行与跨国银行之间开展直接竞争的领域仍然不多。跨国银行在中国的银行业务市场的占有率很小，而中国的银行在高收入国家的银行市场中也同样难有一席之地。鉴于西方与中国的银行系统分处其各自政治经济体系的中心，双方在未来几年内的交集方式，将会对它们在全球金融产业中的竞争起到关键作用，同样将对全球金融系统的管理方式具有决定性的影响。

朱旻果、王金戈/编译

2016 年 1 月

中国经济和金融市场:改革与风险

埃斯华·普拉萨德

美中经济与安全审查委员会（US China Economic and Security Review Commission）于2016年4月27日举行了“中国十三五规划”听证会。康奈尔大学托拉尼贸易政策高级教授埃斯华·普拉萨德（Eswar S. Prasad）发表了主题为“中国经济和金融市场：改革与风险”的证词。他曾任国际货币基金组织金融研究分部和中国分部部长，著有《美元陷阱》（*Dollar Trap*）一书。在证词中，普拉萨德教授发表了对中国以市场为导向的经济改革现状的看法，评估了当前中国经济面临的风险，特别关注金融市场改革、资本账户自由化以及人民币国际化进程，最后总结了中国经济与金融市场的发展对美国经济的意义。以下是对该证词的摘编。

资本账户自由化

中国正在有选择地、谨慎地废除其广泛的资本控制制度，尽管没有取消对资本流入和流出的限制，但在不断放松，可以说，中国的资本账户实际上越来越开放。

中国家庭、企业和投资机构日益增长的境外投资使中国金融资本出口模式发生重大变化。在结构上，资本流出模式从央行资产负债表上的外汇持有向私人所拥有和国有的房产、企业和主权财富基金等形式转变，这与政府的政策导向相一致。

“由个人而非央行持有外汇储备”的政策目标将会对未来中国资本外流结构产生重大影响。诚然，政府提供国际投资多样化渠道是一个积极发展，但是缺乏必需的对国内证券市场和机构投资者的有效监管，只能意味着家庭和企业的资产将面临极大风险。

汇率制度

中国继续向更灵活的、市场决定的汇率制度发展，至少在原则上如此。然而，货币政策的转变引发已经紧绷的金融市场的负面反应，其深层次原因是对中国经济增长大幅下滑的担忧。中国汇率政策的确切性质仍然不够清晰，一方面官员声称人民币的价值是由供给和需求决定的；另一方面中国人民银行又在努力“参考一篮子货币”来管理人民币汇率。金融行业发展与改革中国的金融体系仍然是银行占主导地位，国家直接控制着银行体系的绝大部分。

银行体系未来的改革和发展将对中国新兴金融市场的发展，如企业债券市场，以及更广泛的经济发展具有重要影响。中国的金融市场改革走在正确的方向上，但仍有很大改进空间，特别是在实现充分庞大、流动的债务市场方面。

更要紧的是，债务市场的结构和质量需要改善，为国际金融交易和外汇储备中人民币的广泛使用作好充分准备。当前中国具有相对较低的外部和政府债务，只要不是通胀信誉遭到严重威胁或对外部风险抵抗力低下，其债务市场就可以快速扩张，但要优先加强对企业债务市场的有效监管，这样的扩张才不会引致金融动荡。

经济和金融风险

中国经济面临的风险包括如下几类。第一类是资本账户自由化以及大量资本外流的可能性，这将使金融系统乃至整个经济都不稳定。第二类是各界对中国金融体系的一系列担忧，包括银行体系的稳定性、股票市场的大幅波动、大量的影子银行系统。第三类是风险与中国政策制定的根本性因素有关，包括从计划指导向市场导向经济转型过程中应对困难和风险可能出现的政策失误。事实上，在推动人民币国际化过程中，很多改革和措施都给中国经济带来了风险。

第一，资本账户方面。允许金融资本自由流动是提高人民币国际地位计划的重要因素，然而，很多发展经济体在没有市场主导汇率和运行良好的金融体系时开放资本账户，都面临着危机。中国的外汇外债、外汇储备以及国外资产净额的情况足以表明，中国不会遭受开放资本账户先于提高汇率灵活性带来的传统风险。然而，试图维持渐进的方式来解冻汇率的同时开放资本账户会制造紧张局势，还可能出现资本的大震荡走势。

第二，资本外流和资本外逃方面。汇率不能自由调整时，资本流动单向激增的情况会恶化，进而货币投机压力开始集聚。许多新兴市场经济体在外汇储备锐减后都会出现国际收支危机，目前中国的外汇储备即使考虑到潜在的资本流动所造成的波动也属较高。资本外流包括合法和非法渠道。不合法的资本流动因其绕过政府可控的传统渠道，尤为关系到金融稳定。基于低外债和大量外汇储备的相对强劲的外部资产负债情况，中国不大可能出现资本大规模外逃危机，但政府的确对非法外流和由之造成的资本外流总体加剧及本国经济体所受的财政和宏观经济压力加大表示忧虑。

第三，债务负担方面。中国整体债务水平存在的危机苗头已引起许多人关注和担忧。人们主要关心的是中国企业的债务水平，特别是尚未结清的银行贷款很大一部分是来自大型国有企业借贷。不过，高债务水平会增加金融崩盘风险的说法其实是危言耸听。因为中国政府拥有包括外汇储备、国企所有权以及主权基金境外投资等大量资产，足以应对企业负债带来的金融压力。但一个合理的担忧是，大量债务问题最终会引起银行系统的崩溃。

第四，银行系统方面。当前中国的银行没有面临类似金融危机期间西方银行面临的潜在的灾难性问题。因为它们的筹款大部分来自较稳定的银行存款，而非债务，而且央行要求各银行保持17%上下的存款准备金率。即使银行危机是可以避免的，仍旧需要考虑到即将破产的借贷企业要付出的代价。

这需要结合两种类型措施来防范，即把不良资产纳入资产管理公司和向银行注入新资本。这最终会造成财务成本，但可以通过部分贷款回收、资产出售和使用银行贷款损失减值准备（俗称“拨备”）的方式将成本降低。金融体系将是中国经济面临的一大问题，尤其是银行，关键在于能否对它们免于政府指导并且允许其在更大程度的商业基础上运作。银行改革举步维艰，解决银行体系中政府主导贷款和扭曲激励等遗留问题时，最小的举措都将承受巨大成本。

第五，影子银行。政府已经积极采取措施抑制影子银行。中国影子银行部门之所以能急剧扩张，一方面它们避开了包括管控利率、高银行存款准备金等正式银行体系的规制；另一方面传统机构或常规银行产品无法满足人们对金融中介服务日益增长的需求。尽管近年来中国影子银行增长率在主要经济体中最高，但相对于很多发达经济体，其规模并不算大。以目前的形式和水平来看，影子银行本身并不会对整体的金融稳定性带来明显威胁。但中国政府担心的是影子银行的部门风险会变成正式银行体系的漏洞。随着对影子银行影响金融稳定性越来越担心，各监管部门已经加强了相关监督，使得影子银行的发展明显衰退。

第六，股票市场波动。政府限制股市动荡的一些所谓“紧急措施”实为严重干预主义，这已经损害了政府公信力并且引发对其市场取向改革态度的质疑，此外其他稳定股市的措施也没能提振信心。

由于企业治理薄弱、透明度有限、审计准则疲软等，中国股市本就令人担忧。没有进行必要的官方制度和监管改革以支撑有效价格发展和股市整体高效运作，中国股市只会持续不稳定。近来股市的波动和政府应对方式都加剧了这种担忧。

第七，政策不稳定。中国在市场化改革道路上有两个问题特别值得关注。首先，改革的不平衡性，即对实体经济的改革没有跟上金融自由化的步伐。稳健的制度框架本可以支持财政改革及其他市场导向的改革，但它的缺失，包括透明的决策过程、健全的企业治理和会计准则、独立运作的中央银行及监管部门等，已经给中国经济和人民币的崛起造成阻碍。

其次，政府实现经济自由化和控制自由市场的行为自相矛盾。2015年以来，动荡的股票和货币市场动摇了领导层经济管理能力的信心。市场波动及其引起的严重干预会侵蚀开展改革的政治支持和经济空间。最根本的问题是政府一方面表达让市场自由运作的目标；另一方面又有保持稳定和控制一切的欲望。二者之间的紧张会引起改革实施过程的失误，特别是在推动人民币在国际金融市场作用方面。

人民币在全球金融体系中的角色

中国推动人民币国际化，在规模上虽不大，但现有措施已见成效。人民币已开始登上国际舞台，这得益于中国政府的政策和中国在国际贸易及金融领域的巨型体量和推动作用。尽管缺乏可兑换性，人民币也已经成为国际储备投资组合的一部分；特别是国际货币基金组织将人民币纳入特别提款权篮子，但这一决定本身并不会为中国带来大量的资本流入。归根结底，决定未来人民币能否作为储备货币的是是否有充量稳健的人民币，以保证金融资产利用率的控制和金融资产进出中国的便捷性。

最后，普拉萨德简要总结了中国经济与金融市场的发展对美国经济的意义。中国的资本账户和金融市场自由化会影响中国对美投资，特别是投资结构将会发生很大改变；人民币在未来十年可能成为重要的国际储备货币，但不太可能挑战美元的霸主地位。除非中国领导人使中国的政治和法律制度与经济改革保持一致，才能赢得外国投资者的信任。

刘晓玉/编译　唐磊/校

2016 年 4 月

朝着“新常态”前进的增长战略：以比较视角看中国

约格·迈尔

《中国经济与商业研究》杂志2016年第14卷第2期刊登了联合国贸易与发展会议的资深经济学家约格·迈尔（Jörg Mayer）的研究论文《朝着“新常态”前进的增长战略：以比较视角看中国》（Toward a New Normal Growth Strategy：China in Comparative Perspective）。

迈尔在文中指出，中国正朝着“新常态”前进，专注于更高质量的发展，更加平等的再分配与更少的环境破坏。这一发展新模式意味着将经济增长从投资与出口转向国内消费。作者将中国的“经济新常态”置于比较视角下，探讨了发展中国家增长战略的再平衡，并考察了这种再平衡可能在消费需求的部门组成与国际贸易模式中引起的变化。

以需求导向框架分析增长战略的转变

迈尔在文中引入了需求导向框架来分析经济增长战略的转变。他指出，一国发展战略的倾向，无论是出口导向还是国内需求导向，都体现出国民收入会计恒等式中的不同要素对增长贡献的差别，即国家经济产出（Y）=家庭消费支出（C）+投资（I）+政府支出（G）+[出口（X）-进口（M）]。等式右侧的每一要素都由两部分构成，一是自变量，二是国民收入的因变量。以出口为导向的经济增长战略会特别注意出口与进口之间的关系，而以国内需求为导向的增长战略则更在意其他三个要素。

从需求视角考虑，出口型增长的需求导向强调的是在限定产出增长中收支平衡制约的作用。从这一观点出发，出口导向同一国的经济增长战略是相关的，理由如下：第一，出口是需求唯一真实的自变量，同当前国民收入水平无关；而家庭主要消费支出、政府支出以及投资需求都取决于收入；第二，出口的收益增长是外汇的增长，因此它可以应对经济增长的进口需求。

那么，从出口导向型向国内需求导向型战略转型的主要挑战是什么呢？

首先，国内市场规模至关重要。家庭消费支出、投资与政府支出的增加需要足够多，才能弥补由出口下降引起的贸易顺差的减少，才能不对经济增长产生负面影响。

其次，不同于出口，总体需求的其他组成部分是因变量，因收入的变化而变化，这意味着增长战略的转变要想持续下去，家庭消费、政府支出与投资自变量部分的初始增长必须引发家庭消费、政府支出与投资的因变量部分的增加，且在此过程中收入应有所增加。

如果将重点放在增加家庭消费支出上，消费中的自变量可以通过借外债来支付，或通过各种可能途径增加储蓄量以减少漏损量，比如通过税收与转移支付达成的从高收入家庭向中产家庭的收入再分配。此外，消费的自变量的增加还可以通过庞大的消费群体的收入与消费脱钩来达成——因未来收入提高或消费的社会相互依赖关系而预支。这些因素都是中产家庭的典型特征。通常情况下，低收入家庭没有可任意支配的收入或储蓄来支付不受当前收入支配的消费，正是中产家庭在寻求获得消费贷以购买耐用商品，然而最终这需要高收入具备可持续性。

最后，增长战略的转变存在很快就会不可持续的风险，而这是由增长战略转变本身所触发的进口激增及随之而引起的国际收支平衡问题所导致的。

一国的总需求组成部分的改变，将会带来出口的显著变化，即便国民总需求水平未发生改变。集中考察消费可以发现，特定产品的需求收入弹性及国内供应能在多大程度上满足需求增长都将影响消费。

消费偏好与需求升级

迈尔强调，消费者偏好可能会因为收入的提高而改变，以满足渴望得到某个特定阶层消费者的认可与社会地位的需求。导致消费行为改变的则是消费中的社会相互依赖关系，即炫耀消费与从众效应的发生，这意味着对某些特定物品的消费支出的快速增长，这主要是因为庞大群体的人均可支配收入超越了某个阈值，并足以负担起某一特定消费品。

人均收入增长的速度对具体产品的消费支出产生影响，这一影响又受制于高、低两个阈值——消费者在低阈值时开始恣意消费，在高阈值时其需求接近饱和。迈尔在上述论证的基础上将之推及全球层面——富庶国家的消费者是否能负担起，并确实想要在某些特定消费品上花费更多。作者假定：由高低两个阈值决定的消费支出的 S 形结构适用于所有国家，但具体国家的个体特点会导致跨国平均样本的偏差。

回归结果表明，非耐用品的饱和点只有在人均收入达到相当高的水平时才会出现，要高于半耐用品与耐用品。其原因主要是非耐用品包括诸如食品、不含酒精的饮料这样的生活必需品以及药品。一旦达到阈值点，相关消费支出将迅速增长，这一结果也确认了服务产品通常只有更为富裕的人群才会需求的预期。

跨国证据表明，对耐用品的支出与人均收入的关系呈“S”形。在人均收入水平偏低时，耐用品的支出增长相对缓慢，一国的普通消费者只有很少甚至没有可任意支配的收入来支持他们购买除生活必需品之外的产品。

在人均收入为 4000—35000 美元时，对耐用品的消费支出增长要快于人均收入增长。中国在过去数年间经历了经济快速增长，其数据很好地证明了这一点。而在人均收入水平较高时，耐用品消费支出与人均收入的比值又会回落到 1 以下。人均收入水平最高时，消费支出也达到最高值，即饱和点。

综上所述，一旦人均收入跨越低阈值，需求收入弹性就会经历快速增长；而一旦人均收入达到高阈值的饱和点则会导致需求收入弹性逐渐回归到零。具体商品的消费支出与人均收入的关系则先后经历了加速与减速两个阶段，这意味着不同的消费品市场可能会经历快速增长或衰退，其速度往往比基础经济的发展要迅速。此外，鉴于不同国家处于不同的人均收入水平，测定这些阶段的发生时间会因国家而产生差异。

变化中的全球需求模式的潜在贸易影响

迈尔还指出，随着发展中国家的总体需求构成由原来的出口拉动转向更多依靠国内消费驱动，消费模式将会产生变化，这种变化又将会对国际贸易产生巨大影响。作者在这一部分中给出了场景模拟的分析结果，即如果全球经济增长伴随着美国国内消费支出占 GDP 份额的降低而其他国家国内消费支出占比升高，那么会对各国国内各大行业贸易往来造成什么样的影响。

模拟结果表明，各国进口与出口发生了显著变化，除了美国外，所有国家的出口都将下降，大部分国家的进口还将上升。其中，以 GDP 增长 7.9% 计算，如果个人消费上涨 20.7%，消费支出占 GDP 的 7%，中国的出口量将下降 17.2%，而进口量将增加 3.0%，贸易差额将减少 6.2%。

除了进出口量的变化外，发达国家的企业尤其是美国的企业还将从其他国家的消费支出增长中获益巨大，尤其是汽车与服务业。

至于双边贸易，对巴西、中国、印度等大型发展中国家的出口将会获益巨大，情景模拟的 25 国中有包括德国、美国在内的 5 个国家将会经历对华出口贸易的增长。不过，作者也指出，情景模拟的结果并不完整，不能被视为量化的精准预测。

结 论

迈尔认为，增长战略的再平衡需要着眼于最小化国际收支制约的产品创新，以弥补其造成的进口激增。创新投资有助于国内企业研发新产品、根据消费者需求改造已经存在的商品以满足国内顾客的偏好，并控制进口激增。但创新投资对两大因素特别敏感。其一是发展中国家的中产阶层消费者的品位与偏好，国内企业在这一点上因为更了解当地消费者的喜好而比外国企业有优势。其二是贸易本身存在成本，地理距离与市场规模仍然至关重要。尤其是对制造业商品的需求提升将会导致工资上涨，而工资上涨面对消费者偏好各不相同以及积极的贸易成本时，会促使当地生产朝着制造业转型。发展中国家的企业只要抓住并利用好这些创新良机，就能减少国内消费支出中的进口项目。

杨莉/编译

2016 年 5 月

2025年前的中国经济预测

马明浩

2017年7月，欧盟安全研究所（European Union Institute for Security Studies）高级研究员伊娃·佩吉索娃（Eva Pejsova）与助理分析员博雅（Jakob Bund）合编并在研究所官网上发表了一份题为《中国未来：至2025年》（Chinese Futures：Horizon 2025）的研究报告。报告邀请了欧盟各大智库的知名研究员，从政治、社会结构、经济、外交等多个维度对中国2018—2025年可能面临的挑战与问题进行了分析和预测，并单列两大部分——区域作用与全球领导作用——对中国在国际社会中的影响做了详细分析。负责经济章节的作者马明浩（Michal Makocki）是欧盟委员会国际贸易部研究员，他大胆预测了中国经济改革的未来蓝图、优先问题，指出挑战主要来自几个方面：管控与下放、简政放权、创新、“一带一路”能否收效。现将主要内容编译如下。

马明浩在开篇指出，近来中国的经济发展日益复杂，面临的挑战也更加令人生畏，中国经济的“新常态”并不是指发展速度会不会放缓，而是指放缓的过程是渐进的。对中国共产党而言，经济前景面临两大主要挑战。一是经济发展仍然有赖于相对较快的增长速度，持续提供给国内流动人口的就业机会，以及社会稳定。不过，鉴于当前并不友好的外部环境与中国不断膨胀的负债泡沫，经济快速增长面临复杂情况。二是大挑战与供给侧改革相关。平衡中国经济由投资向消费驱动、由工业向服务业转变，对于保持中国经济的稳定运行至关重要。马明浩认为，中国从来就不缺少改革方案，在预测未来中国经济走向的问题上，关键是分析中国政府实施方案的能力。

中国经济之今日

马明浩指出，以2016年来看，中国经济改革在三大方面取得了成绩：一是向消费型经济的转变取得了一定成就；二是中国政府在汇率及利息方面实施了关键性改革；三是中央银行着手收紧货币政策以削减即将超越红线的非金融企业债务。但中国经济仍然面临诸多问题。一是经济增长放缓，债务总额达到GDP的260%。二是信贷有所收紧，但仍有不少银行资金向政治上有联系的国有企业汇集，违规影子银行在金融系统中的占比有所上升。三是在2015年夏季股市震动后至今尚未完全恢复，房地产市场的兴旺一去不复返。四是随着劳动力成本上升，出口竞争力下降。最后也是最重要的第五个问题是，人口与环境恶化等因素仍是中国面临的主要结构问题，会拖累未来发展前景。

经济改革之蓝图

马明浩指出，这一届政府的关键词是改革蓝图。“十三五”规划是2016年在习近平的指导下出台的，“中国制造2025”与“一带一路”倡议则进一步为中国的工业政策与国际战略提供了细节。不过，这两大计划都只说明白了中国共产党所期待的未来发展方向，却没有特别明确达成目标的途径。

中国共产党在第十八届三中全会后释放出信号，要让“市场在资源配置中起决定性作用”，很快，这一信号通过“十三五”的目标得以具体化。同时，“十三五”规划还将重点放在供给侧改革上，即简政放权、削减过剩产能、国企改革（提高效率而非私有化），并通过金融系统改革调节资本配置并提高效率。

“一带一路”倡议正是对国内改革的支持，其目标多样，包括支持出口过剩产能，并协助中国企业——特别是在技术先进领域、有高附加值的中国企业向国外发展，通过内陆省份同全球经济的联系来拉动落后省份的发展。“一带一路”倡议还旨在弥合地区间的经济发展不平衡。马明浩指出，计划实施的外部环境已经发生了实质性转变。当前，特朗普的经济保护主义以及中国的贸易选择仍预示着未来双方贸易关系将面临冲突。中国在欧盟遭遇的强烈抵制，让未来进一步放开欧中经济关系前途渺茫。此外，中东区域广阔、政治极不稳定，经济欠发达，经济走廊成功的可能性十分低。作者还对“一带一路”的模式——信贷推动发展——表示了忧虑。

“中国制造 2025”计划则是工业政策的改革蓝图。值得注意的是，马明浩在描述该计划时称其“直接对抗西方利益”，“中国工业应接管所有西方公司运作成功的领域，以及支撑中国现代化的领域——交通、IT 行业及医疗设备”。从上述言论不难看出，西方对于“中国制造 2025”是相当警惕与不友好的。马明浩还提到，中国资本大肆收购外国知名企业的行为已经导致欧盟强烈抵制，并由此诞生了对中国并购案的最自由裁量权。

作者进一步分析认为，中国共产党领导层对于中国经济面临的挑战的理解是到位的，但中国的问题不在于对概念的理解，而在于实施。

首要任务：增长还是改革

马明浩指出，不计代价求增长的时代已经过去，因此，更为必要的是对经济增长模式的改革，然而，中国共产党似乎仍然将保持经济增速的目标置于改革之上。他认为，这一逻辑将定义 2025 年前的发展前景：只有当内部与外部环境都有助于推动经济增长时，改革才能取得成效，并进一步推动结构转型。

马明浩认为“先增长，后改革”的逻辑贯穿中国政府落实“市场在资源配置中的决定性作用”的整个过程。经济的日益复杂意味着政府并不能控制太多的市场发展。只有当市场改革能够帮助政府维持社会稳定时，中国才会进一步推进改革。

马明浩指出，中国政府理解的国有企业改革应该是企业本身的国有性质不变，但应简编，并有能力同其西方同行在全球领域竞争。马明浩认为即便是这样的改革也落在后面。

简政放权与创新

金融与财政改革也面临类似的挑战。地方政府投资支撑了中国经济增长的奇迹，但如今对经济增长却形成了重压；地方政府需要更多的税收与更高的借贷自主权，以及一个运转正常的地方债券市场。马明浩认为，这样的要求是合理的。从数据来看，中央转移支付与地方税收只占地方收入的50%不到，而地方政府却必须自行负担80%的中央政策执行成本。解决这种不平衡意味着赋予地方政府更大的自主权，但这与党中央对经济的总体掌控意图背道而驰。

创新是中国共产党面临困难的另一领域。中国需要成为创新驱动的经济体，以克服中等收入陷阱。现阶段，中国的经济发展在技术吸收领域独树一帜，但就创新激发环境而言，总体上却仍然落后于西方同行，IT行业是例外。

马明浩指出，IT界是真正意义上由私营主导的全国性市场，向规模经济体供货。不过，中国IT部门的创新规模已经意味着“创造性破坏”，进一步将是“瓦解”。中国能否支持这样一种创新体系在其他经济领域发挥作用，让市场选择赢家与输家，作者对此表示了怀疑，他认为破产与暂时性失业会让中国游移不定，但又十分渴望赶超硅谷模式。

结　论

到底是因金融危机而陷入困境还是成为世界最伟大的创新强国，马明浩无法对中国经济的未来下定论，但他认为中国即便面临各种问题，最后也能应付过去。当前GDP的数据表明，中国仍有提升的空间，在城市化问题上，中国还有待追赶西方。

历史上，政治改革多发生在收入水平更高的阶段，社会越富有，其需要的政治改革就越多。但马明浩认为，这并不一定意味着转向西式民主，而是意味着治理的进一步改善与效率的提升。

国企私有化是不可能的，不过私营企业与外资企业将会获准进入更多现在由国企主导的领域，这只能通过混合所有制达成。政府干预还将存在，对西方企业构成挑战。中国将会发展起战略产业的营利性市场，并成为全球领跑者，但多半限于新兴产业，如 IT 业。

给予地方政府新的收入来源，如房地产税收与消费税，或许会作为试点项目涌现，中国如果能找到替代增长来源，高额负债将有所抑制。出口将持续不景气，中国的出口行业将面临更加激烈的保护主义。

杨莉/编译

2017 年 6 月

国内“雁行模式”——中国的产业转移与政策扩散滞后

洪源远

2018年6月，《中国季刊》（*The China Quarterly*）第234卷发表了美国密歇根大学政治学系学者洪源远（Yuen Yuen Ang）撰写的文章《国内“雁行模式”——中国的产业转移与政策扩散滞后》（Domestic Flying Geese：Industrial Transfer and Delayed Policy Diffusion in China）。该学者曾在2016年出版《中国如何摆脱贫困陷阱》（*How China Escaped the Poverty Trap*）一书。以下是上文摘要。

本文旨在借助“雁行模式”的概念来分析中国产业转移这一重要却未被深入研究的现象。出现于21世纪初的该现象指的是，资本与制造产业从沿海地区向中西部省份转移。国家发改委的一项研究显示，2005年至2010年，制造业的地理分布发生了转变，相对于中西部地区，沿海地区的制造业份额持续减少，包括能源和采矿业，劳动密集型产业，资本密集型产业，甚至技术密集型行业（如通信产品和电子产品）。数据还表明，中国的国内投资规模远远超过外国直接投资规模。例如，2015年，仅中部五个省份吸引的国内投资就已经是全国外资投入规模的2.5倍。

产业转移在重塑中国国家竞争优势上发挥着关键作用。对于沿海地区而言，把劳动密集型制造业转移至内陆为其高端产业和第三产业发展腾出空间。对内陆地区而言，国内产业转移带来了投资和发展机会。理论上来说，如果根据地区比较优势进行有效分工，市场同时拥有低端与高端产业，中国相较其他国家将会有更大的国际竞争优势。

产业转移的历史回顾

1978年，中国政府开始鼓励沿海地区利用其优越的地理位置，吸引外国投资促进工业化。在深圳、厦门和珠海等城市设立的经济特区吸引了第一波外国直接投资。20世纪80年代，中央政府倡导地方政府依据其优势发展经济，"七五"计划(1986—1990年）指出，沿海地区应该参与传统产业的发展，同时发展新兴产业，中部地区应重点发展能源、建筑业和采矿业，西部地区应主要发展农业生产和加工。由于原材料价格低廉，而加工制品价格过高，各省都大力阻止原材料的出口，同时将加工制品出口到其他省份。这场"商品战"导致地方保护主义兴盛、产业重复和产能过剩。

1993年，党的十四届三中全会通过的《中共中央关于建立社会主义市场经济体制若干问题的决定》宣布建立社会主义市场经济体制，将部分市场经济转变为全面市场经济，这迫使在地方政府保护下的那些无竞争力的企业关闭，引发了一波企业兼并和重组。沿海地区保持着在制造业和服务业方面的优势，而中西部地区则为沿海地区输送原材料和廉价劳动力，这进一步拉大了沿海与内陆之间的经济差距。

1999年中央发出"西部大开发"倡议，拉动了贫困西部省份的投资和经济增长。2004年，中央政府又提出"中部崛起"战略。在此期间中西部地区高速公路、高铁、桥梁等基础设施的建设为后续的产业转移奠定了物质基础。

2010年，国务院发布了旨在促进中西部地区与沿海地区优势互补的"中西部地区承接产业转移的指导意见"。从国家战略的角度来看，中西部地区自然资源丰富，生产要素成本低，市场增长空间巨大。沿海地区产业转移至内陆地区不仅将加速后者工业化和城市化进程，还将促进沿海地区的经济结构调整和升级。这种策略被称为"腾笼换鸟"。

致使产业转移的经济与政策压力

过去几十年里，中国的制造业发展主要依靠低成本竞争优势，但生产商之间激烈的竞争使利润空间不断减小，对出口制造业造成成本压力。同时，生产成本也在不断增加。官方统计数据显示，沿海地区地价为其他地区的三倍，沿海地区的制造业工资也始终高于其他地区，且劳动力成本逐年增加，中国沿海地区过去的劳动力成本优势不复存在。

1993 年进入全面市场经济后，沿海地区政府吸引外资看重投资数量的增长而不在意其质量。然而，随着投资的不断增长和市场的扩大，沿海地区开始对投资的质量有所挑剔，提高了投资门槛，且开始实施驱逐低端污染产业的政策。与此同时，内陆地区掀起了一股“招商热潮”，吸纳被沿海地区“驱逐”的产业。实际上，内陆地区政府采用的是沿海地区从 20 世纪 80 年代到 21 世纪初这一时期的投资促进策略。与“从点到面”的政策试点不同，这种对沿海地区政策的搬照并非中央政府自上而下的决策，而是在没有中央规划的前提下从地方自下而上发展起来的。这种政策扩散的滞后现象取决于沿海地区与内陆地区的禀赋（地理与历史）差异。

“雁行模式”与中国特色

“雁行模式”概念由日本经济学家赤松要提出，用来描述亚洲经济发展的阶梯形模式。日本率先进行后工业化且成为亚洲区域最强大的经济体，就像“V”形雁队里的领头雁一样。它占据了区域供应链的最高端，其他国家只能生产低水平的产品。但领先的经济体会将资本和技术转移到落后经济体，从而协助它们进行产业追赶。换言之，雁行模式阐释了一种让处于不同发展水平的国家实现互惠互利的分工模式。

以雁行模式来分析发生在中国的产业转移现象，其独特之处有三：第一，不像亚洲其他发达经济体向相对落后经济体进行产业转移，中国是在国内不同区域完成该转移。中国广大的国土面积、内部发展的不平衡使得这种转移成为可能。

第二，对中国所进行的跨国产业转移和中国内部区域间的产业转移先后相继。先是改革开放以后东亚其他经济体的企业迁往中国大陆沿海地区，后者在劳动密集型和出口导向型制造业具有竞争优势；沿海省份随之实现高速发展，而中西部省份相对落后了几个层次，这种情况直到

21 世纪初发生改变，沿海城市从投资接受者变为投资者，落后省份通过发达省份的后工业化进程而享受了发展机会。

第三，雁行模式强调资本和技术的转移，而中国除此之外也在进行政府政策的跨区域转移（内陆地区复制与照搬沿海地区多年前的政策）。如今沿海地区可以对投资项目精挑细选且努力驱逐低端产业，而内陆地区的问题是投资太少没有选择余地，只能采用沿海地区已弃用多年的激进招商策略，不管投资项目质量如何，都欢迎和接受。

结 论

产业转移的一个关键衡量指标是国内投资。外国直接投资是中国早期改革和发展的主要推动力，而最近才出现的国内投资和产业转移则很少受到关注。本文对中国的产业转移这一重要现象进行了探究。在研究中国的政策制定和实施时，也应当关注政策扩散滞后这一现象。

政策滞后源于经济发展水平。同在一个省内，富裕的城市可以淡化经济发展目标而以社会发展为重，但同样的政策并不适用于必须以发展经济为重的贫困城市。未来对于中国政策扩散的研究应当充分考虑地理位置与时间因素的影响。

虽然中国的幅员广阔和区域间发展不平衡为国内产业转移创造了空间，但实际上这种转移也面临很多困难和挑战。一方面，中央政府无法强迫地方政府依据其比较优势发展特定产业，也不能强迫私企与外企转移到指定区域。另一方面，地方政府对低端产业的驱逐也遭到了部分人的反对。尽管在过去的几年里，中央政府实施了促进产业转移的试点项目，但产业转移仍主要是一个自下而上由市场决定的过程，中央和地方政府难以对它完全控制。

聂辰璨/译　唐磊/校

八

“一带一路”倡议实践与演进

彼得·诺兰新著《理解中国：丝绸之路与共产党宣言》简述

唐　磊

剑桥大学著名中国学家彼得·诺兰（Peter Nolan），因其著作《中国正在买下全世界吗?》（*Is China Buying The World*?）在华热销而声名大噪。作为一位努力为中国的和平崛起"正名"的友华派学者，近几年来，他一方面继续关注中国经济与全球经济的互动以及中国因此而面临的挑战；另一方面开始关注中国与周边地区的海域争端问题。他的新著《理解中国：丝绸之路与共产党宣言》（*Understanding China*：*The Silk Road and the Communist Manifesto*），收入"劳特里奇中国经济研究丛书"，2016年年初由劳特里奇出版社出版。

诺兰教授指出，在中国共产党领导层所面对的众多政策挑战中，最为紧要的有两项。一是中国在亚太地区要扮演怎样的角色；二是如何承继马克思的思想遗产。对于西方观察者来说，要更好地理解中国，需要更加广泛和深入地了解，中国的政治体系内部围绕上述问题如何展开争论。全书分为四章，即陆路与海上丝绸之路、中国的周边列岛、《共产党宣言》在21世纪，以及"阶级斗争"概念的中国化。

在第一章中，诺兰回顾了从汉代建立的丝绸之路如何将中国同中亚和东南亚联系起来。他指出，中国不仅长期稳居世界最大经济体的地位直至18世纪，并且作为现代工业文明起点的英国工业革命，许多技术都通过丝绸之路传至中国。他的回顾似乎并没有太多新意，故而长期致力于东南亚历史研究的澳大利亚籍学者冈恩（Geoffrey C. Gunn）在其书评文章（发表于2016年第2期的《当代亚洲学刊》）中认为诺兰不过是老调重弹。

冈恩指出，中国是否在汉代就拥有通过南海远航中亚、非洲的能力，以及元代和明初海上商道的主导者是中国而非东南亚诸国等问题，还存在争议。这暗示着，要从历史角度来论证中国对海上丝绸之路的绝对主导权，还需要更加坚实的历史考察。或者毋宁说，共同开发、共享共利，而非单方主导，有着悠久的历史背景。至于其中规则如何制定、利益如何分配，似乎超出了诺兰论述的范围，却在读者的期待视野中。

第二章中国的周边列岛的主体部分曾发表于《新左翼评论》2013年3—4月号。诺兰认为，国际社会习惯用《联合国海洋公约法》（简称《公约》）的框架来看待中国在南海问题上的诉求，即围绕中国主张的“专属经济区”同有关邻国不同主张间的争端展开。然而，对于美国、法国、英国、澳大利亚、新西兰和俄罗斯这些拥有最大专属经济区的前殖民国家，《公约》其实是变相承认了殖民时期造成的后果。六国的专属经济区总面积达5400万平方公里，而中国无争议的专属经济区不过约90万平方公里，其主张的南海专属经济区也不过约200万平方公里。他用“只见老鼠不见猛象”的比喻批评了全球媒体在问题聚焦上的失衡。

诺兰还指出，作为一个很早就拥有东亚世界主导地位和制海能力的国家，中国从没有在东南亚殖民的野心，而是表现为发展政治和文化的中心凝聚力来吸引周边国家。西方社会以过去的殖民经验来理解中国在南海的主张，他认为这对于解决南海争端有害无益。

后两章处理了与前两章完全不同的主题，即马克思主义的遗产对于当今中国乃至世界的意义。

诺兰通过解读《中共中央关于全面深化改革若干重大问题的决定》（简称“决定”）来入题。对于文件有关“建设学习型、服务型、创新型的马克思主义执政党”的提法，他将之读解为“创新的、服务导向的和学习马克思主义的执政党”，“学习马克思主义”是要通过细致学习马恩原典来找寻渡过改革深水区的智慧和理论指导。在第三章，作者结合21世纪初的情景回顾了《共产党宣言》。他指出，在当代中国，按照《共产党宣言》中所揭示的，社会不平等的扩大就会导致阶级斗争。诺兰分析了马克思和恩格斯关于阶级革命方式的差异。不同于恩格斯主张的无产阶级暴力革命论，马克思认为只有在资本主义社会中工人阶级发展不够充分成熟的情况下，才会发生由“工人阶级先锋队”发起的暴力夺取政权；工人阶级通过非暴力的、渐进的方式取得政治主导权是可能的。

在第四章中，诺兰将主要篇幅用于描述英国工人阶级发展的历史。通过引用恩格斯的《英国工人阶级状况》以及约翰·密尔（John Stuart Mill）、乔治·奥威尔（George Orwell）和经济史家托尼（R. H. Tawney）等人的著作，他描述了“阶级斗争”在英国的失败。恩格斯曾经预言，以大规模暴力的“阶级战争”（class warfare）为形式的阶级斗争将在英国出现，然而实际情况则是阶级斗争的渐进解决方案似乎逐渐占据上风，尽管这一过程相对缓慢，但对于中国来说，不无参考价值。

在这两章中，诺兰还提出了一些有待深入分析的问题。例如，20 世纪末期，随着经济全球化和第三产业部门的发展，工人阶级在英国等发达国家总体上失势，而且有关阶级的思想学说也逐渐失去市场。又如，马克思对于资本主义在全球的扩张及其影响并没有做出充分的预判。然而，作者也没有对此做过多讨论。但他坚持相信，出现于西方又被东方的中国所接纳和发扬的马克思主义，能够帮助东方与西方找到某些共同语言。

2016 年 3 月

对中国复兴蓝图“一带一路”倡议的实际评估

克里斯托弗·约翰逊

美国战略与国际问题研究中心（CICS）高级顾问克里斯托弗·约翰逊（Chistopher K. Johnson）在“费和中国研究讲座”上做了一场主题报告，题为“习近平的‘一带一路’倡议：实际评估中国共产党的中国复兴蓝图”（President Xi Jingping's “Belt and Road ” Initiative：A Practical Assessment of the Chinese Communist Party's Roadmap for China's Global Resurgence）。他指出，自“一带一路”倡议提出后，中国的国际外交方式正发生从“低调务实”转向“主动进取”的变化，积极寻求在国际秩序方面发挥更大作用的机会，利用其地缘经济实力来达到更大的地缘政治目标。“一带一路”若能成功实施，必将重构亚欧大陆的经济格局，对全球商业产生深远影响。然而，这一构想也遭到不少国家的质疑，实际推行中也存在不少挑战。以下是对报告的摘编。

“一带一路”倡议形成因素

20世纪80年代末至今，中国一直致力于以经济外交改善周边外交关系。1997年亚洲金融危机爆发，中国政府向东南亚国家提供资金援助，试图树立起“可靠负责的经济大国”形象，此后又与东盟10国领导人签署了《中国与东盟全面经济合作框架协议》。2008—2009年国际金融危机爆发，中国再次为降低区域内经济损失发挥了重大作用。

中国的经济外交不仅给中国带来了经济利益，而且帮助中国赢得了在东盟地区的良好声誉。但东盟地区的怀疑和恐惧并没有消退，他们认为中国所谓的"互利"发展实际上是为了转移中国国内的发展问题，另外北京在南海等问题上的强硬立场，反而增长了邻国对其的不信任。

中国也逐渐意识到需要审慎考虑和协调推进对外经济关系。中国领导人在2013年的周边外交工作会议上强调指出，要加强中国的周边凝聚力，促进区域经济一体化发展，提高区域竞争力和持续稳定发展。但中国国内政治环境日渐复杂，国企、省级地方政府或对外援助部门对中国的外交政策施加各种直接或间接的影响，中国是否能够实现其上述目标尚难确定。

从中国的总体外交政策来看"一带一路"倡议

首先，中国主要的对外战略指导方针是基于对"战略机遇期"的判断，即中国在21世纪20年代以前需要总体对中国有利的周边环境来保障中国国内的发展。中国将经济发展置于优先地位，这对中国重回全球领先地位至关重要。其次，中国提出"和平发展"理念，希望在使邻国及合作伙伴放心的前提下和平发展。最后，"两个一百年"概念，但目标更偏重于国内政治。

上述概念是中国外交政策思想与理论的一贯基准，习近平的创新在于他提出了"中国梦"，即实现中华民族的伟大复兴。为此，他所做的最主要努力是打造意识形态基础，让"中国梦"成为"中国和平发展在新时代的延续"，"一带一路"的提出也意味着习近平上任后积极果断作为。

习近平多次强调，中国应该抓住机会提升实力和国际影响力，"中国应该发展自己的特色大国外交方式"，经济外交也成了习近平总体外交战略中的关键元素。

"一带一路"的运作机制

中国倡议成立了中国丝绸之路基金和亚洲基础设施投资银行，大力助推"一带一路"项目建设，要为"一带一路"沿线国家的基础设施建设提供资金支持，促进经济合作。中国所有省份都已表示会积极参与推进"一带一路"倡议，超过2/3的省份对"一带一路"进行了省内规划和推进。

"一带一路"可以用来加强与东盟10+1、上海合作组织以及金砖国家的联系，深化与俄罗斯、中欧、中亚、中东、南亚国家的双边合作关系。如果这个构想得以实现，那么它将成为在习近平领导下中国的对外安全和经济政策的巨大成就，同时也会促进中国通过多边方式来增进本国利益。能源供给的多元化和欧亚交通路线的拓展将成为"一带一路"倡议推动地缘政治发展的主要抓手。

但目前来看，"一带一路"的重心似乎更多着眼于推动实现中国的经济目标而非地缘政治目标。"一带一路"成了"西部大开发"战略的升级版，另外，这也可能是一个试验场，检验中国的大型国企能否在资本充足而且市场竞争并不激烈的条件下取得全球竞争力。

潜在的风险和可能的成功

"一带一路"是实现"中国梦"的一条具体路径，拥有中央政策强有力的支持。然而，该倡议可能会使中国的决策者、国有企业以及私有企业陷入一种虚假的安全感中。实际上，中国没有足够的准备来应对可能的突发事件。中国企业在"一带一路"相关项目实施中积极寻求海外扩张也可能会产生冒险主义。此外，这一倡议尚显得过于空泛，没有提出具体的实施措施，也没有人在掌控大局，因此缺乏实践的可操作性。

"一带一路"设置了太多目标。在经济上要有助于化解中国过剩产能，建立起能源运输和资源传送路线，帮助中国欠发达省份和相关国家脱贫；财政上，要实现中国外汇储备投资的多元化，提高外汇储备投资的收益率。另外，“一带一路”也被视为减轻中国周边安全挑战的一种手段。有太多的目标需要通过“一带一路”倡议而实现，难以兼顾平衡，增加了更多的风险。

“一带一路”沿线国家心存疑虑也是推进过程中的现实阻力。比如，俄罗斯认为中国的“一带一路”所穿越的中亚地区一直以来是其势力主导范围，会威胁到其在欧亚联盟的利益，因此对“一带一路”的态度十分矛盾。尽管“一带一路”实施起来会遇到诸多困难和风险，但最后可能会取得一定成功。

亚洲的经济增长和对现代基础设施的需求将会创造出大量、长期而持续的投资机会，但“一带一路”倡议到底能够在多大程度上满足这些需求还是未知数。尽管沿线国家心存各种疑虑，但为了得到合作机遇和自身利益发展，仍然开始支持“一带一路”的发展。欧洲的观察家认为，在欧亚大陆的全球战略后院中，如果跨大西洋贸易与投资伙伴协议（TTIP）不能发挥实质影响，那么欧洲的重心将不可避免地转向中国的“一带一路”倡议。

易菲菲/编译　唐磊/校

中国新丝绸之路的三年历程

范文丽　尼古拉斯等

法国国际关系研究所（IFRI）于2017年2月在其官网上发布了研究报告《中国新丝绸之路的三年历程：从言语到（再）行动》[Three Years of China's New Silk Roads：From Words to（Re）action]，包括范文丽（Alice Ekman）、尼古拉斯（Françoise Nicolas）等学者在内的多名资深研究人员从方法策略、区域战略、外交关系、经济要义与能源战略等角度，对三年多来"一带一路"倡议的发展与行动进行了详细分析，指出了中国面临的机遇与挑战，现将重要观点摘要如下。

"一带一路"倡议的方法策略

范文丽表达了对"一带一路"倡议至今不够明确的担忧。一方面，中国的行动计划缺乏具体细节：参与国家名单不确定，涉及的路线位置与枢纽不明晰，项目确切名单未公布；但另一方面，正是这种不确定性决定了"一带一路"倡议执行上的灵活性与可扩展性。

说其具有灵活性，是因为该倡议总是因地制宜，能够调整并主动适应东道国的思想、观念及反响。此做法优点明显，一是便于集思广益；二是能够获得更多的外国参与者的支持。中国中央政府在执行过程中担当了监督者的角色，主要的执行者是中国的企业（特别是国有企业）与地方政府，地方政府将具体的执行条款整合进了地方发展战略。此外，中国政府希望外国企业以及政府也能参与到具体的项目中来。

说其具有扩展性，是指地理范围、涉及行业和部门的范围在不断扩大。官方数据表明，已有超过100个国家和国际组织表达了对该倡议的支持。类似的是，涉及的部门与行业也从最初的交通、能源、通信与特色工业园区扩展至如今的旅游、金融、法律等多领域，呈现出多样性的特点。

“一带一路”的经济要义

尼古拉斯则指出，“一带一路”倡议是新、旧经济目标结合的成果。

首先，“一带一路”倡议可以被解读为新版的“走出去”战略，是对中国公司国际化的又一次推动，加快了中国从外国直接投资的接受方向投资方的转变。同时，该计划也是西部大开发战略的延续，中国中央政府期望借此弥合经济发达的沿海省份同经济落后的内陆、西部省份间的发展不平衡。然而，尼古拉斯对此持保留意见：沿海发达省份也是该计划的有力参与者，二者间的不平衡能否弥合还有待观察。

其次，中国借由该计划推动国内经济的“再结构与再平衡”，促进中国经济由出口投资型向消费与创新驱动型转变，更好地利用国内的金融资源。与此同时，该计划不仅可以作为新形式的经济刺激计划，催化新一轮的制度化创新改革，促使中国经济协调并可持续发展，通过扩展沿岸、沿线海外市场，还能合理消化掉国内过剩的产能，并出口其金融实力，加速人民币国际化。

最后，“一带一路”倡议是中国新版本的重商主义战略，旨在积累资本，帮助中国更为合理地利用这些资本。不过，中国的软肋在于难以吸引足够的私营资本。

尽管该倡议的整体方向没有太大创新，但“一带一路”的框架结构更优，内容也更充盈，就此意义而言，它是中国经济“走出去”战略至关重要的总体方案。

“一带一路”与中国的外交战略

首先，“一带一路”概念的普及，是中国公共外交的一次重大胜利。范文丽指出，这一概念本身在国际上的广泛讨论就意味着中国致力于在国际社会推广其思想、观念及规范的努力获得了成功。就更广泛的意义而言，中国正试图将“一带一路”倡议同现有的国内政策与外交优先问题结合起来，短期来看，该计划是解决国内经济问题的首要方式；长期来看，“一带一路”倡议是推广中国全球治理抱负的工具，是汇聚多领域国内、国际参与者（如政府部门、商界、智库等）的多边平台。

其次，中国正通过加大对首脑外交的投入，在其领土之外组织起大范围的国际论坛，同“一带一路”倡议相关的峰会、合作机制潜力无穷。范文丽认为，出于战略与逻辑考量，中国不太可能制度化“一带一路”本身，灵活性是其根本。

最后，“一带一路”倡议也是中国经济外交的核心项目。中国采取了双管齐下的区域外交政策：一方面，以灵活的“软手段”同周边国家打交道，优先处理亚太地区的经济、能源与安全利益相关问题，进一步加强经济外交；另一方面，中国在边境争端问题上适时展现大国实力，立场坚定，态度强硬。这种缓慢形成的区域战略给予了中国时间，使其得以一步步巩固自己的区域地位。中国比以往任何时候都更自信地活跃在诸多领域，并逐渐形成了更为实际的、以经济为导向的外交政策。随着经济外交触角的延伸，中国将不可避免地同区域内其他大国，如印度、俄罗斯与日本产生摩擦。无论如何，鉴于中国政府给予的金融支持与集思广益的做法，“一带一路”的战略重要性不可忽视。

“一带一路”与中国的国际能源战略

加布丽埃勒·德萨尔诺（Gabrielle Desarnaud）与约翰·西曼（John Seaman）则在“一带一路”框架下，分析了中国能源举措的驱动因素，指出国内能源格局的变化趋势影响了能源战略的指导方针。

首先，现今中国已经成为能源资源进口国，确保海外能源资源获取的途径变得至关重要。中东地区和非洲的动荡，诸如霍尔木兹海峡等咽喉要道的战略脆弱性，都迫使中国寻求能源资源供应国及供应路线的多样化。

其次，通过“一带一路”倡议，中国能够拓展海外市场，消化掉国内的过剩产能，比如煤电厂、风能、太阳能面板。进而缓解经济、社会压力。

再次，“一带一路”所倡导的“互联互通”旨在促进区域经济发展，为中国边境与内陆省份、沿线国家提供机遇，通过能源网的覆盖达到商业、外交一体化的目的，为中国边境地区带来稳定，最终带来区域经济繁荣。

最后，中国经济未来寻求向高附加值产业与清洁能源转型，创新型技术必不可少，“一带一路”为中国提供了进入成熟市场的机遇，也能为国内企业提供同能源领域的领跑企业建立伙伴关系的机遇。

二人对中国能源战略的地缘政治影响表示了忧虑，他们指出，中国在能源领域的崛起已经产生了深远的影响，尤其是在本就不稳定的热点地区，甚至可能成为地缘政治紧张局势的源泉之一，如印巴关系。此外，中国还深刻影响了中亚地区的经济与地缘政治格局——中国在该区域能源基础设施领域的投资，使得一些国家降低了对俄罗斯的依赖。

中国能源战略要想进一步发展，面临的最关键挑战是如何同区域重要国家就能源问题进一步发展可靠的区域合作机制，充分考虑各自的国家利益与地缘政治利益。至于这一战略是否会导致地区不稳定，则取决于中国通过欧亚大陆雷区的能力。

杨莉/编译

2017 年 4 月

中国国际反腐败合作的新扩展——作为“廉洁之路”的“一带一路”

冈田实

2017年中国主办的“一带一路”高峰论坛上，国家主席习近平在开幕式面对130多个国家的500位来宾和超过4000名记者表示，中国要加强反腐败国际合作，将“一带一路”建成“廉洁之路”。2013年以来，习近平领导下的大规模反腐败运动备受世界各国关注，国际反腐败合作如何展开？中国具体怎样应对？国际社会又当如何直面这样的中国？这些问题牵动着海外学者和观察家的视线。2017年9月，日本拓殖大学国际学部教授冈田实在该校《海外情势研究》期刊上，以《中国国际反腐败合作的新扩展——“‘一带一路’：廉洁之路”何以可能?》为题，推出了他的研究思考。该文主要内容摘译如下。

国际反腐败协作的发展历程

回溯国际社会合作攻克腐败的历程，迄今共诞生了三个里程碑式的条约。1977年美国制定的《海外腐败行为防止法》（Foreign Corrupt Practices Act，FCPA），可谓射向跨国腐败活动的第一支箭。该法出台的直接背景是1976年2月被曝光的“洛克希德事件”，多国政界和财界要员，包括日本前首相田中角荣在内，都被卷入美国大型军火制造商洛克希德·马丁公司的行贿事件中，给国际社会以强烈震撼。因为FCPA是专门约束美国企业的海外贿赂行为，这也使得美国企业在与那些尚未出台同类法规国家的企业开展竞争时，处于事实上的不利地位。对此，美国经济界表达了强烈不满。作为回应，美国国会在1988年对FCPA进行了修订，并积极开展国际协作，推动多国缔约，旨在将防止向外国公职人员进行不正当利益输送纳入各国共同遵守的义务范围。1997年经合组织（OECD）接受美国的建议，制定并出台了《禁止在国际商业交易中贿赂外国公职人员公约》，33个国家签字缔约，条约就犯罪行为的认定、制裁的实施、犯罪人的引渡等方面达成了一致。

随着交通、通信手段的高速发展，全球金融、IT网络的快速铺开，有组织的跨国犯罪也在迅速蔓延推进国际刑事司法法规制度的有效沟通、合作打击跨国犯罪，成为世界各国面临的共同课题。对此，作为预防和打击跨国犯罪重要机制的联合国在其中扮演着重要角色。2000年11月15日，联合国大会通过了《联合国打击跨国有组织犯罪公约》。条约针对重大跨国犯罪中的资金追讨和犯罪人引渡等问题，明确规定各缔约国应在搜查、追诉，以及在相关司法程序上予以最大限度的相互合作。

第三个里程碑式的条约是2003年制定的《联合国反腐败公约》。为从源头上遏制腐败行为的发生，公约针对公职人员在收受贿赂、非法侵占公共财产等相关行为的定罪，以及没收犯罪所得收益、财产返还等方面的国际合作，作了详细规定。比如，在预防性反腐败政策和做法方面，规定各缔约国均应努力制定和促进各种预防腐败的有效做法，同时促进社会参与，提高透明度；在具体的国际合作方面，规定各缔约国与腐败有关的案件调查、诉讼、审判程序，以及引渡请求、预防和检测犯罪所得的转移、追回资产等方面提供最广泛的司法协助，切实加强国际合作。

中国国际反腐败合作的外交进程

1978年中国开始实施改革开放政策，开启了从计划经济向市场经济的转轨。伴随着经济的发展，腐败现象也开始滋生，一些人利用职务之便将不法所得转移至海外。20世纪90年代，中国的国际反腐败外交开始萌芽。不过当时这方面的法律、法规尚处于“空白”，在海外追逃方面，

1993年方才与泰国签订了第一个引渡条约，也还没有加入任何国际性的反腐条约，与其他主要国家之间的国际反腐败合作尚待展开。1997年，当OECD出台《禁止在国际商业交易中贿赂外国公职人员公约》时，中国还未参与进来，但当2000年联合国成立《联合国反腐败公约》特设委员会、着手起草这份国际性反腐败法律文件时，中国则从一开始就参与了进来。借助这份2003年正式通过、2005年生效的公约，中国也加快了国际反腐败的合作进程。从2002年到2017年6月，在双边合作方面，与中国签订了引渡条约的国家从19个增加到了48个，签订了刑事司法协助条约的从8个增加到59个，检察机关间签署了双边合作协议或合作谅解备忘录的达到90多个国家，此外中国还与190多个国家建立了国际执法合作关系；多边合作方面，为推动《联合国反腐败公约》有效执行，2006年国际反贪局联合会（International Association of Anti—Corruption Authorities，IAACA）在北京成立，通过这一组织中国在打击反腐败方面进一步深化了国际交流与合作。

事实上，自中国正式加入《联合国反腐败公约》以来，在推动国际反腐败合作外交进程不断加快的背后，是境外追逃中被抓获的在逃职务犯罪嫌疑犯人数的不断增加。最高人民检察院的工作报告显示，2003年抓获人数为595人，经过2004年的614人、2005年的703人、2006年的1670人，到2007年达到第一次高峰，即4547人，2008年随后回落至1200人，此后直到2011年一直保持平稳。但2012年猛增至6220人，而这一年正是习近平执政的发轫之年。

习近平领导下国际反腐败合作的展开

2012年11月15日，习近平在当选中共中央总书记后的首次记者见面会上正式向腐败问题“亮剑”。自此五年多来，中国主要经历了2014年“中央反腐败协调小组国际追逃追赃办公室”的设立，到2014年APEC通过《北京反腐败宣言》，再到2016年二十国集团一致通过《G20反腐败行动计划（2017—2018年）》，及至2017年习近平在“一带一路”高峰论坛上倡导建设“‘一带一路’：廉洁之路”几个发展阶段。

对于中国的国际反腐败进程而言，2014 年可谓具有里程碑意义的一年。顶层决策上，当年 1 月，习近平在十八届中纪委三次全会上发表重要讲话，要求“以零容忍的态度惩治腐败”，中纪委书记王岐山随后表态要加大对腐败的惩治力度，10 月召开的十八届四中全会进一步将“加强反腐败国际合作，加大海外追赃追逃、遣返引渡力度”作为重要政策和要求明确写入党的重要文献；在机构整合方面，首先是中纪委调整内部结构，组建国际合作局，三个月后由中纪委、最高法、最高检、外交部、公安部等 8 个机构合作成立指挥国际追逃追赃行动的“司令塔”——中央反腐败协调小组国际追逃追赃办公室；在国际沟通机制上，当年 11 月 8 日，APEC 第 26 届部长级会议审议通过《北京反腐败宣言》简称《宣言》，提出组建亚太经合组织反腐败执法合作网络（ACT—NET），这项机制的建立也意味着亚太地区的反腐败活动正式从理论层面的交流迈入实质上的合作阶段。《宣言》最大的成果，是在推进国际反腐败合作的情报分享上达成了一致。这一系列的实质性动作将中国的反腐败国际合作推上了快车道。同一时间，“猎狐”行动、“天网 2015”、“天网 2016”密集展开，“百名红通人员”通缉令发布，等等。在此基础上，中国迎来了掌握国际反腐败合作主导权的机会：2016 年 G20 杭州峰会通过了《反腐败追逃追赃高级原则》和《G20 反腐败行动计划（2017—2018 年）》，并决定在中国设立反腐败追逃追赃研究中心。这些成绩表明，在反腐败国际合作的问题上，中国不仅提出了“原则”，还同时提出了具体实现的组织机制和行动计划——正以“三位一体”的方式构筑国际反腐败的新格局。

2017 年 5 月，北京召开了“一带一路”国际合作高峰论坛，习近平向世界表明要加强国际反腐败合作，让“一带一路”成为廉洁之路。峰会闭幕次日，中纪委副书记李书磊会见了曾任中国财政部官员的世界银行集团常务副行长兼首席行政官杨少林，双方一致同意围绕“廉洁之路”的建设，在多个方面强化国际反腐败合作。

综上，尽管中国在国际追逃追赃中还面临着各种待解的难题，比如具体的“追逃”中因美国等国家“条约前置主义”的限制还未能签订双边引渡条约，在“追赃”上有可能造成资金流出国与流入国经济利益上的冲突以及成本高昂等问题，但是纵观中国在国际反腐败合作中不断推进和深化的轨迹，尤其是通过习近平执政以来健全反腐败国际追赃追逃体制、集中开展跨国追逃追赃行动、培育国际反腐败专项人才、制定行动目标和计划等的“多管齐下”，中国不仅在国际反腐败合作中取得了实实在在的成效，完成了从“新手”到“参与者”，再到“重要参与者”的华丽转变，更开始展现出主导国际反腐败合作新秩序的迹象。“‘一带一路’：廉洁之路”接下来如何展开、又将如何带动构建国际反腐败新秩序，未来发展方向值得我们密切关注。

袁静/编译

2017 年 6 月

中国对欧投资：留给“一带一路”的经验与教训

菲利普·陆克

美国智库卡内基国际和平基金会的官网2017年11月登载了其欧洲项目研究员、中欧关系研究专家菲利普·陆克（Philippe Le Corre）的文章《中国对欧投资：留给“一带一路”倡议的经验与教训》（Chinese Investmentsin European Countries：Experiences and Lessons for the“Belt and Road” Initiative）。该文聚焦中国对欧的直接投资，通过考察希腊和葡萄牙这两个对中国开放其基础设施关键领域的欧洲国家的案例，总结“一带一路”背景下中国投资欧洲基础设施应注意的主要问题。文章内容摘编如下。

中国在欧盟国家的投资现状

中国通过古丝绸之路的贸易路线网络，与欧洲开展商业互动的历史已近千年。不过近年来，在2008年欧债危机、2008—2016年的欧元汇率走低、欧洲国家正经历“去工业化”、中国的产业升级换代等因素的影响下，中欧间的贸易愈加频繁。

2000—2016年，来自中国的资本投资主要集中在能源、汽车、农业、房地产、工业设备、信息和通信技术等领域。中国的国有企业也在寻找机会购买欧洲的煤矿公司、能源资产和公共设施。2016年，这些投资在欧盟的三大接收国是英国、德国和意大利。

目前，中国正在发达经济体的能源分布、基础设施等领域寻找投资机会，为追求品牌效益、高新技术和市场份额而并购企业。当前这波中国对欧基础设施直接投资的热潮始于2008年欧债危机的中期。随着2014年习近平提出建设“中欧全面战略伙伴关系”，中欧双边关系进一步升温，合作也提升到了新的高度。尽管中国可能还不是“欧洲战略投资基金”最大的非欧盟投资国，但丝路基金、欧委会、欧洲投资银行的专家们已经组建了一个工作小组以探索共同融资的机会。

中欧合作的阻碍因素

在实施“对外开放政策”的最初30年（1978—2008年），中国只是一个吸引欧洲企业及其他投资者对其工业和市场进行投资的制造国。大约15年前，中国才开始在境外进行股权投资。2008年，欧洲成为中国“走出去”战略的一部分。从那以后，越来越多的中国国企以及一些私企在欧洲进行投资。但投资的过程并非一帆风顺。绝大多数中国企业面临适应问题。其中不仅有商业模式的差异，还有政治、社会和经济环境的迥然不同。这些困难可能使得中国的商业扩张无法像其预期的那样迅速。

另外还存在一些导致中欧企业终止谈判的问题，比如：谈判时间过于冗长；中方参与者忽视西方世界的商业规范和习惯；相关团队的人事变动过于频繁；从预期收益条款到最终协议的初稿的诸多改动；已经“谈拢”的条款又重新回到谈判桌上；评估不可信；原本已经就位的资金撤离。

欧洲文化和语言的多样性有时也会让中国企业家犯难。由于一些投资者对欧洲法律知之甚少，所以他们常常认为欧洲法律过于照顾工人。对于投资者来说，需要员工超时或超出其职责范围工作的项目、税收以及工会的存在，都是障碍。此外，中国企业与政府的微妙关系有时也会带来一些不便。

很多人将中国投资不够顺利归结于文化因素。有学者说中国人“缺少远见”，即“中国企业不愿承认，如果它们希望未来能被欧洲社会接受，那么它们必须在当地进行生产”。不同的时间观念也是主要问题之一：欧洲人希望立刻（或在确切的某天）得到结果，而中国人习惯慢慢来。

但这些差异在逐渐减少。中国企业家，尤其是那些具有全球抱负、引起欧洲兴趣的公司，正在学习利用会计、律师、审计服务、银行家以及其他专业服务。他们适应西方商业世界需要时间。仅仅听商业理论课是不够的，因为文化习惯和实践更为重要。如果说 21 世纪的公司就是“融贯中西”的，那么中西双方都必须努力增进理解。

案例一：中远集团收购希腊比雷埃夫斯港

作为欧债危机的主要受害国之一，希腊几乎是毫不犹豫地拥抱了中国投资者。2008 年，中国远洋运输集团（以下简称“中远”）拿下希腊比雷埃夫斯港（以下简称“比港”）两个码头 30 年的特许经营权，2016 年，中远全面接管比港。一些报道称，中远改变了比港。

中远实现了比港基础设施的升级，并在此引入了生产效率更高的机械和设备，解决了工会问题，完善了管理体制，创造了更多的交通运输量。这项投资成为近年来希腊私有化最成功的几个案例之一。一些人认为，比港昭示了希腊的未来，“它令许多人感到害怕，其中包括大部分希腊选民”。

尽管如此，2015 年 1 月，在新近大选中获胜的激进左翼联盟党首阿列克西斯·齐普拉斯（Alexis Tsipras）所领导的左派政府却暂停出售更多的港口资产。直到同年 6 月再选前，齐普拉斯对中远—希腊未来合作的态度仍不明朗。年底齐普拉斯在一个更温和的政府的领导下重新当选后，情况才开始有所改善。而在此期间，中国采取了观望的态度，以避免成为希腊局势的替罪羔羊。

虽然希腊希望减少对债权国的依赖，但其内部的讨论反映了希腊或者说是南欧政治气候的变化。许多评论家开始密切关注中国对欧洲重要基础设施项目的管理。比港这一案例集中体现了有关中国在欧直接投资的一些担忧，其中就包括劳工和国家安全问题。

案例二：中国投资葡萄牙以打入葡语国家市场？

2004 年，中国与四个欧洲国家（德国、法国、英国和葡萄牙）建立全面战略伙伴关系。鉴于 2008 年金融危机后葡萄牙经济动荡到甚至难以在欧盟生存，当初中国要与葡萄牙发展全面战略伙伴关系就略显奇怪。但其实背后有诸多原因。

一是中国认识到这个前葡萄牙语帝国能够通过语言施加的政治影响力。并且，中葡精英通过中葡商会和一些与澳门有联系的组织，已经建立了较长时间的亲密关系。二是在投资领域，香港人和澳门人迅速聚集到了里斯本。有报告称，近年来，相比英法德之外的其他欧盟成员国，葡萄牙更受中国投资者的青睐。资金的流入表明了“葡萄牙资产的质量和中葡关系的亲密性”。葡萄牙成为“葡语世界及其 2.5 亿消费者的平台”。三是移民签证。葡萄牙的移民规则十分简单：个人只要对葡萄牙房地产市场进行不低于 5 万欧元的投资，就有可能获得长期签证；投资者每年只需在葡萄牙待上七天，六年后即可申请葡萄牙国籍及欧盟护照。于是，专门办理“全球签证”的中介机构数量激增。

作为中国“走出去”战略的一部分，中国对葡萄牙的收购热潮始于 2011 年。这些投资者中很多都计划将市场扩展到安哥拉、巴西、莫桑比克或其他前葡萄牙殖民地。事实上，葡萄牙的能源企业确实与中国合作伙伴一起将它们的水电和其他新能源业务扩展到了巴西、莫桑比克和安哥拉这些有着巨大能源需求的国家。目前，这一进展是平稳的，葡萄牙的社会行动很少，商界也特别欢迎中国投资者。

中国投资对目标国的影响

首先，应该明确区分公共和私人投资。虽然两者经常都需要得到中国官方的批准，但中国公共部门的投资往往是由中国最高层做出的，私人收购则是根据董事会的决定逐案进行的，它们通常没有战略方面的考量。中国对欧洲基础设施的投资会给欧洲政府带来更多的困惑。许多专家想问，欧洲国家将一些国家基础设施交由未来的竞争者比如中国来控制，除资金外，还能获得哪些好处？是否应允许中国对当地的公共设施持有股权？其次，中国投资欧洲公共设施的长远利益受到质疑。最后，欧洲公众和媒体不一定对债务融资及其影响有详细的了解。尽管最近中国投资者在表达自己立场方面做得更好，但欧洲的精英与底层百姓对中国投资似乎还存在分歧。

结　论

现在就对中国投资欧洲基础设施下一个最终评价还为时尚早，令人信服的案例很少。希腊这一案例似乎值得深入分析，因为它集中了本文暗示的几个问题：第一，中欧合作是短期、长期还是战略性的？虽然已经设计和签订了许多协议，但官僚主义和发生在欧盟的多重危机在某种程度上减缓了它们的进展。第二，欧洲基础设施的未来是怎样的？这在技术层面会涉及地方工业保护和环境法。第三，国家选举对政府决策有何影响？影响可能是根本性的，未来几年可能发生剧变。第四，精英和底层民众的观点分歧。存在一种看法是，允许中国直接投资的决策有时“是由精英做出的”，他们违背了民众的意愿，也并不必然服务于公共利益。第五，人力资源方面，创造就业机会依然是所有欧洲决策者的首要任务。

这些问题中的绝大多数适用于日后“一带一路”倡议背景下的项目。如果中国想引入这一新倡议，就应该发展出一种具有普遍性的理念，或者说至少要对意向投资目标国的政治、社会、文化和经济环境有所了解。“一带一路”倡议需要考虑地方和全球层面，还有债务可持续性问题、透明度以及地方政治系统。

中国尤其是中国企业的国际化，是21世纪初最重要的现象之一。中国已经开始将目光投向欧洲国家，在此参与一些日益重要的投资项目。每个欧洲国家都从历史上承袭了复杂的法律机制，而欧盟的立法又进一步增加了复杂性。但如果中国投资者想长期参与其中，就必须理解和接受这一系统。

王欣仪/编译

（责任编辑：祝伟伟）

2018年2月

重新审视中国的“海上丝绸之路”倡议

杜懋之　杜普莱

2018年4月，欧洲对外关系理事会（European Council on Foreign Relations）亚洲项目高级政策研究员杜懋之（Mathieu Duchâtel）与法国国家海军史研究中心首席专家杜普莱（Alexandre Sheldon Duplaix）在对外关系理事会的官网上联名提交了题为《蓝色中国：驶向欧洲的海上丝绸之路》（Blue China：Navigating the Maritime Silk Road to Europe）的政策简报。两位学者认为，中国所提出的“海上丝绸之路”其核心是国家力量与国际影响力，尽管该倡议在欧中关系里造成了更多的竞争对抗，但也同样为双方在蓝色经济及特定的海上安全任务方面创造了合作空间。本文对报告中关于“海上丝绸之路”倡议的解读部分编译如下。

杜懋之与杜普莱在报告开篇分析了“海上丝绸之路”倡议的三大战略维度。第一大战略维度体现在经济驱动力上。“海上丝绸之路”倡议是对中国现行海洋政策的重新包装，旨在中国下一阶段的蓝色经济发展，通过将投资导向关键领域来加强海上贸易，从而使得蓝色经济的增长前景从地区迈向全球，“技术创新”与“全球领导地位”是其两大关键词。第二大战略维度体现在中国的海军实力与国家的国际影响力上，二者共同构成了习近平国家战略不可或缺的一部分。无论是十八大提出的“海洋强国”概念，还是十九大报告提出的中国要在本世纪中叶“成为综合国力和国际影响力领先的国家”，都体现着海洋政策在实现这一目标上的重要性。第三大战略维度，该倡议意味着新一轮的公共外交推动，以弥补中国在“话语权”上的不足。通过“海上丝绸之路”这一历史提法的吸引力，在国际政治舞台上讲好中国故事，提升国际社会对华印象。

在杜懋之与杜普莱看来，中国的“海上丝绸之路”倡议本质上是关于中国的国家力量与国际影响力的，欧盟对这一倡议本身是持怀疑态度的。当前，欧洲委员会（European Commission）正在筹备制定欧盟自己的政策准则，以制定欧盟及成员国同中方接触并签署互联项目的条款，这涉及一系列针对“一带一路”倡议的规范和准则。中国对该计划的公共外交推广不遗余力，那么是什么原因造成其实际效果跟宣传目标脱节的呢？报告给出了三个原因。

第一，是中国在宣传中所强调的共同繁荣没能说服欧盟众国。在欧盟看来，“一带一路”倡议本质上是地缘政治计划，旨在提升国家实力和影响力。尽管中国一再强调“一带一路”倡议的非战略性，但是欧洲众国不仅没有听进去，中国的宣传甚至还产生了反效果。2016 年 7 月，中国外宣停止使用“战略”的说法，转而采用“倡议”，但正是这一改变让欧洲人更加容易联想起“一带一路”的战略性。

第二，有一种观念认为欧盟从“一带一路”倡议中获益并不大，其获益的范围主要局限于港口基础设施建设投资，而中国对港口的投资还会改变投资接收国外交关系的博弈规则。国际战略研究中心（Center for Strategic and International Studies）的一项调查数据显示，“一带一路”项目相关合同的 90% 都流向了中国公司。一名欧洲外交官对此表示了极大的忧虑，认为欧洲公司要为了剩下 10% 的合同而竞争，市场份额太少。

第三，欧盟正因为“一带一路”倡议本身产生裂痕——为寻求同中国在蓝色经济领域的商业合作，数个成员国因商业利益冲突而关系紧张；贸易保护主义势力抬头，忧虑中国投资可能带来政治分歧以及对欧盟长期竞争力造成损害。其结果是消极的怀疑主义占了上风。

针对欧盟的质疑与消极态度，两位学者提出应当以习近平在十九大报告中提出的“新时代中国特色社会主义思想”为大背景，重新理解“一带一路”倡议。他们指出，新时代下，中国寻求的是国际舞台上的实力与影响力，即报告中所说的“强起来”。“一带一路”倡议是实现中国伟大战略的重要手段，不仅是中国特色大国外交的重中之重，还能有助于实现国际秩序的理性调整。应该在此背景下重新审视“海上丝绸之路”，将之理解为实现习近平提出的“海洋强国”目标的重要战略手段。所谓的海洋强国，包括四方面的内容：发达的蓝色经济、海洋科学与技术领域的强大创新能力、海洋环境的成功保护，以及强大的海军。蓝色经济是上述目标中其他三个的基石，“海上丝绸之路”旨在帮助实现中国在海洋领域的“十三五”规划。杜懋之强调，如果过分关注这一倡议的地缘政治风险，就会忽略蓝色经济的战略价值。

中国国家海洋局与发改委将部分蓝色经济产业定义为“战略产业”，这意味着这些产业在决策上享有优先性，并能获得更多的国家支持。中国计划升级诸如渔业、造船、近海油气开采等传统海洋产业，大力支持包括海上工程、海上生物制药、再生能源在内的新兴战略产业，并积极发展海上服务业（如海岸沿线旅游观光）。所有这些相关产业都能从“丝路效应”中获益，并在“十三五”规划实施期间甚至之后稳健增长。对中国在蓝色经济上的战略野心的现实评估表明，中欧合作的机遇是存在的，欧洲参与者也能够在日益激烈的竞争中脱颖而出，无论是欧洲的公共还是私营领域参与者，只要能在对华谈判中达成有利条款，就能从合作关系中获益。

此外，“海上丝绸之路”关于中国国内经济发展的维度也值得重视。“丝绸之路”是重塑中国经济地理的三大战略之一。中国的沿海省份占中国陆地面积的14%，人口总量约为中国人口总数的40%，对中国GDP的贡献则高达60%，其外贸量占全国外贸交易量的90%，中国能源进口的70%都消耗在此。沿海省份是中国经济发展的最大赢家，而“海上丝绸之路”进一步为沿海省份下一阶段蓝色经济的发展给出了强烈支持的政治信号。

蓝色经济对中国的发展十分重要，“海上丝绸之路”绝不是一句空洞的政治口号，其寻求的也不是以最低的成本来改变世界对中国的看法，更不是中国海军力量全球投射的掩护。事实上，新丝绸之路并不仅仅意味着新项目的上马，港口基础设施建设固然重要，但绝不是丝绸之路项目的全部，中国所作所为的目的在于提升其经济合作，进而寻求下一阶段的全球化。两位学者认为，真正需要重视的是，现有的这些项目是如何改变中国同接收国之间的政治关系的，并如何加深中国作为全球海洋参与者的重要性的，又是如何为其干涉主义外交政策加码的。

杜懋之与杜普莱认为，“海上丝绸之路”倡议折射出了中国在蓝色经济中的勃勃雄心，欧盟在审视这一计划时也应将之作为蓝色经济发展计划来对待，但也不应忽视蕴藏其中的政治意图。随着中国海军实力的进一步发展，蓝色经济将会持续增长，并伴随着中国安全立场由区域参与者向全球参与者方向的再调整。无论是欧盟还是中国都寻求繁荣与安全，因此，双方具有合作的基础。但“海上丝绸之路”倡议也对欧洲提出了严峻的挑战，在欧中关系上突出竞争的一面，欧盟既不能对合作机遇视而不见，也不能轻忽挑战。

杨莉/编译

2018 年 4 月

亚投行的社会风险管理：中国特色还是国际特色？

柯兰君、苏珊娜·普莱斯

《中国政治学刊》(*Journal of Chinese Political Sciences*) 在线版 2018 年 5 月刊载了德国柏林自由大学东亚研究所柯兰君 (Bettina Gransow) 与澳大利亚国立大学亚太学院苏珊娜·普莱斯 (Susanna Price) 合撰的"亚投行的社会风险管理：中国特色还是国际特色?"(Social Risk Management at AIIB – Chinese or International Characteristics?)。文章指出，基础设施驱动增长战略 (growth – by – infrastructure strategy) 对改革开放以来中国的发展议程至关重要。总的来说，中国的基础设施建设经过了三个阶段：其一，从 1978 年到 20 世纪 80 年代和 90 年代，重点是中国境内交通、能源和水利等领域的大型项目；其二，21 世纪初，中国的双边基础设施贷款是中国南南合作的重要组成部分；其三，第三阶段始于中国的"一带一路"倡议，并于 2015 年成立了以基础设施投资为主打的亚投行。每个阶段的基础设施建设都涉及融资来源，以及针对项目社会风险和影响的特定处理方式。该文主要对后者进行了分析。

对亚投行社会风险管理方式的考察发现，与中国在国内外的经验相比，其与现有多边开发银行的管理方式具有更强的相似性。这种相似性证实了在强制性、规范性和模仿性方面的制度同构作用的存在。从这个意义上来说，亚投行的社会风险管理主要是由国际特色而非中国特色所塑造的。对这一点的探讨又引发了另一个问题，即在“一带一路”倡议中如何加强社会可持续性，以及亚投行对这一努力的潜在贡献。

基础设施项目社会风险及其管理的中国经验

2012 年，国家发改委发布了《重大固定资产投资项目社会稳定风险评估暂行办法》，该办法建议各地区建立社会稳定风险评估机制（Social Stability Risk Assessment，SSRA），这一工具能帮助地方政府预测哪些项目可能引发社会动荡。然而 SSRA 在设计上忽略了不至于引起社会动荡但可能破坏项目可持续性的负面影响。一方面，如果没有深入的社会分析、公众参与和利益相关方的沟通，SSRA 作为一种风险预测、消减和管理工具仍然是无效的。但现实情况是，许多地方官员担心公民参与会导致混乱和影响效率而回避了这一过程。

另一方面，中国积累了海外基建投资风险评估的经验。2012 年，中国银监会发布了《绿色信贷指引》，加强对拟授信境外项目的环境风险和社会风险的管理。但因其仍旧缺乏对违规行为的问责制度，以至于中国企业对社会风险处理不当，其境外基建项目依然面临诸多风险和挑战。中国在海外的经验同样说明，更详细的国家研究、加强冲突和合规风险管理、社会风险和影响评估、信息披露、申诉机制和公众参与，对于实施基础设施项目和发挥积极影响是十分必要的。

亚投行的环境和社会保障框架（ESF）

亚投行以基础设施为主导的发展战略，是与中国近年来通过国内外基建项目实现增长的发展方式相联系的。2016 年 2 月，亚投行通过了《环境和社会保障框架》（Environmental and Social Framework，“ESF”）。ESF 旨在通过管理环境和社会风险及影响，帮助实现环境和社会可持续发展。它列出了对每个项目的强制性要求，包括针对项目评估管理、非自愿重新安置、原住民这三大环境和社会标准。亚投行版 ESF 与世界银行最近修订的 ESF 在名称、结构、术语和实施程序方面具有很高的相似性，二者都类似地将社会影响评价与环境影响评价整合成环境和社会影响评价（Environment and Social Impact Assessment，ESIA）。亚投行关于非自愿重新安置和原住民的标准所遵循的政策，如“赤道原则”等，自20世纪80年代初以来一直为世界银行、大多数国际贷款机构及私营部门所效仿。此外，亚投行也就其投诉处理机制的设计和实施公开征求意见，并创建了问责廉政效率办公室（CEIU）。这将使亚投行积极主动地高效解决社会风险问题。

亚投行的首批项目审批是落实ESF的第一步。亚投行将项目提案分为A、B、C和FI（Financial Intermediary）四个类别。首次审批的26个贷款项目中大部分是“社会风险影响较小”的B类，而A类项目是“社会风险最高”的，且多数都是与现有多边开发银行和国际金融公司的联合融资项目。有了合作机构在ESF工作方面的经验，亚投行在处理项目审批上更有效率。借鉴共同融资机构在判断项目是否符合ESF标准上的做法，亚投行也在国际上提高了信誉。

比较视角下亚投行的社会风险管理

乍看之下，亚投行ESF与中国的社会稳定风险评估（SSRA）和《绿色信贷指引》在相关术语和社会评价方法上十分类似。但更进一步的考察发现，亚投行与SSRA在以下三点存在很大差异：其一，在总体目标上，ESF旨在通过管理社会风险和影响，实现社会可持续发展，而SSRA旨在避免项目区域的社会动荡和维护社会稳定；其二，ESF的主要目标人群是受项目影响人群，如非自愿重新安置人群，而SSRA是准备项目审批决策的地方官员；其三，在实施程序上，ESF通过分析社会风险和影响为项目受影响人群提供应对措施，而SSRA通过筛选有风险的项目以避免社会冲突。不止于此，ESF和SSRA在各自的信息来源、信息收集和利用方式所调动的知识体系及其最终结果上也大相径庭。相对于《绿色信贷指引》，ESF作为一个完整的风险管理系统在设计上也更加复杂。

在某种程度上，亚投行是世界银行和亚开行的“综合体”，其对国际标准的采用，可以用“制度同构论”来解释。研究制度同构的迪马吉奥（DiMaggio）和鲍威尔（Powell）提出了强制性、规范性和模仿性三种制度同构机制。就亚投行 ESF 的建立而言，这三种机制都有所体现。强制性同构体现在亚投行在创始成员国强力呼吁下建立 ESF 框架并公开披露，这关系到亚投行的信誉。规范性同构主要源于专业化，亚投行招募了许多其他多边开发银行的高级专业人士体现了这一点，ESF 的设计也借鉴了世界银行在环境和社会风险管理方面的专业知识。模仿性同构则源于对不确定性的回应，通过对成功机制的模仿以获得合法性，ESF 对社会风险内涵的界定和标准的制定与世界银行新修订的 ESF 高度类似体现了这一点。从这个意义上讲，亚投行的社会风险管理所具有的“国际特色”远超过“中国特色”。

“一带一路”倡议与亚投行 ESF 在其中的作用

亚投行在基建和融资等方面对“一带一路”倡议有重要影响。关于“一带一路”倡议的社会建构，目前有三种脚本。王义桅将“一带一路”倡议视为一种“中国模式”，包含一系列促进经济增长的措施，并认为其将中国发展经验带到了世界各地。这种论点忽视了社会风险和基建项目的影响。弗朗西斯·福山则指出“一带一路”倡议是基于“国家主导的大规模基础设施投资”的一种新型“中国模式”，与欧美的发展模式相互竞争，可能会给西方国家带来挑战。虽然角度不同，但王义桅与福山所代表的两种观点都聚焦于把“一带一路”作为一个经济增长引擎而忽视了社会可持续性标准，并认为亚投行通过削减社会和环境成本为“一带一路”倡议沿线国家提供低成本的贷款项目。另有一种观点结合联合国可持续发展目标来审视“一带一路”倡议，认为该倡议不仅有助于沿线基础设施建设，还可以推动沿线国家的可持续发展转型。这要求多层次的政策协调性和政策一致性。在这种情况下，亚投行的社会风险管理可以发挥关键作用，使基础设施项目更具社会可持续性，从而提高“一带一路”倡议的国际声誉。

政策建议

亚投行在建立 ESF 方面以及与联合国可持续发展目标保持一致的做法表现出了远见，不妨考虑更积极主动地进一步加强其成果输出。这可以包括：第一，建立项目独立小组，增加专业知识学习，建立基于风险分析结果的知识管理，透明公开，并在政策和实践层面强化应用；第二，采用扩大社会服务计划并扩展福利，尤其是针对难以接触的弱势群体，为项目建立本地支持；第三，加快在客户和合作伙伴之间建立对社会风险的相互理解，采用合适的社会风险识别和管理方法，而不是将其与环境评估混为一谈；第四，建立 ESF 机制的国家级架构和增强实施能力，以提高社会风险管理的绩效。所有这些措施都有助于降低社会风险，并为受亚投行项目影响的人们带来切实的社会收益。

王丽娜/译　唐磊/校

2018 年 6 月

编后记

三年前，我们将内部期刊《国际中国研究动态》（2013—2015）集合出版《观中国》。自2016年起，该动态停止出刊，转而以“域外中国研究动态”栏目形式在《国外社会科学》（ISSN：1000－4777）得以存续。该刊每期给予中心团队一万至一万二千字篇幅，收录对国际中国研究界最新学术成果予以译介的编译稿。积少为多、集腋成裘，三年过去，不觉也攒下了近70篇计二十余万字的规模，在中国社会科学院“学科登峰计划”之“海外中国学研究优势学科”资助下，上述文稿得以付梓。

本书的编辑出版，始终得到中国社会科学院国际中国学研究中心主任张树华研究员、副主任何培忠研究员的支持。各篇文章的编译承担，主力是中心的专兼职研究人员。值得一提的是，这几年，我们着力鼓励和培养青年学者从海量的外文中国研究文献中遴选文章并做编译，我将之视为一种重要的学术训练。通过精读数十页的外文文献，提炼出其中核心论点并精准编译成中文，这是一项基本功。令人欣慰的是，参与稿件编译的博士生甚至硕士生都基本达到了我认为应当达到的水平。

在这个信息爆炸的时代，我们仍然坚持在做一些看似基础甚至“初级”的信息加工工作，除了将之作为一种培养新人的方式，我们也相信长期在本领域耕耘使我们的团队有自己独到的眼光，在日常持续地跟踪国外中国研究进展时，能够及时拣选出具有针对性和较高学术水平的文章来供学术界参考。

最后，感谢中国社会科学出版社继续支持《观中国》续编的出版，来自异域的“中国知识”可能充满了偏见和偏差，出版社编辑喻苗、范晨星为本书做了精心的编辑和把关，使得本书得以较快完成了出版环节各项流程，及时面世。

唐 磊

2018 年 12 月 25 日于建内大街五号